U0615885

新疆上海供应链数据干线开源指南

Developer's Guide of Xinjiang-Shanghai Business Supplychain Data Trunk Line

李少华 李东衡 / 编著

经济管理出版社
ECONOMY & MANAGEMENT PUBLISHING HOUSE

图书在版编目（CIP）数据

新疆上海供应链数据干线开源指南/李少华，李东衡编著. —北京：经济管理出版社，2020.9

ISBN 978-7-5096-7222-8

Ⅰ.①新… Ⅱ.①李… ②李… Ⅲ.①区域贸易—贸易经济—商品流通—供应链管理—数据管理—新疆、上海—指南 Ⅳ.①F727.45-62 ②F727.51-62

中国版本图书馆 CIP 数据核字（2020）第 173667 号

组稿编辑：杨国强
责任编辑：杨国强　张瑞军
责任印制：黄章平
责任校对：陈晓霞

出版发行：经济管理出版社
　　　　　（北京市海淀区北蜂窝 8 号中雅大厦 A 座 11 层 100038）
网　　址：www. E-mp. com. cn
电　　话：（010）51915602
印　　刷：北京玺诚印务有限公司
经　　销：新华书店
开　　本：720mm×1000mm/16
印　　张：10
字　　数：113 千字
版　　次：2020 年 9 月第 1 版　2020 年 9 月第 1 次印刷
书　　号：ISBN 978-7-5096-7222-8
定　　价：68.00 元

让数据科技读懂商业

0.1　本白皮书是一份 BaaS 产品方案

0.1.1　开发任务

本白皮书的编制出于十分明确的技术开发目标，即将一个超大距离商贸流通供应链体系内商业流程、交易合约、物流交付、资金结算、账本体系、保障措施等事项指令集与文档数据构成一个 BaaS（Backend as a Service，后端即服务）管理系统，该系统能够被视作一个可编程容器，同时支持从指令增减和数据调用两种方式开发出流通供应链业务所必需的业务中台，并进行升级和移植开发。

0.1.2　开发储备

在一份白皮书内集中流通供应链全链条多种相对价值方向的需求，是一次颠覆性创新。两位撰稿人对这种创新的洞见和掌控，来自于 2017~2019 年在为新疆巴音郭楞蒙古自治州库尔勒经济技术开发区丝路 e 宝项目提供运营服务时定制开发的配

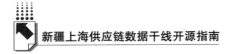

套系统、运营体系及后续拓展系统。本白皮书亦可用于对丝路 e 宝配套系统及拓展系统的全面升级。

0.1.3　技术选型

经由本白皮书方案实现的供应链数据干线 BaaS，使用区块链分布式账本和联盟链技术解决方案。

0.1.4　容器逻辑

正如本白皮书将新疆上海间双向的商贸流通供应链全链条作为一个约束边界，使用"供应链数据干线"的产品逻辑将供应链各节点间商业活动封装于一个 BaaS 容器，故而在白皮书提供的架构内，供应链内生的商业价值将驱动着供应链各节点间的数据因商业交易而达成目标一致的数据流动，从而使不同节点间孤立数据来源主动产生结构化数据并执行通用数据交易协议，由此可通过调用容器内中间件服务支撑供应链交易/分销、仓储物流、供应链金融等业务流程。该逻辑可概括为"基于商业协议而形成的数据交易协议"，抑或"数据即商业"。

0.1.5　双模网络

鉴于供应链活动自身的商业现实，一切技术应用唯有保持半开放架构，才能最大限度地满足商业实务需要，故本白皮书提供架构始终贯彻"容器/协议双模体系"，即供应链数据干线 BaaS 容器对外区隔其他区块链应用与其他供应链服务场景，核心共识/机制则适用于供应链数据干线 BaaS 容器所兼容对象之间形成兼具纵深性和扁平性的价值网络。其中，尤其以满足供应链金融支持实体经济为重要价值。

0.1.6　数据港开源原则

由容器生产的结构化供应链数据以及在协议链接的供应链

价值网络内部，核心共识/机制兼容对象间的商业往来均可直接采取数据交易完成，在该流程内，数据即可视为各交换主体的商业资产，本白皮书将此状态称为"数据港开源原则"。使用本白皮书架构、基于核心共识/机制进行移植开发产生数据时，无论数据部署于何系统内，均可遵循本原则通过数据交易实施商业交易，享受协议价值网络内部的便利。

0.2　本白皮书是一份流通供应链市场商业指南

0.2.1　商业模式开源旨在建立市场新共识

"开源"一直是一个软件开发概念，是原创者将软件或系统技术代码公开、实现更多开发者共同主动优化的开发模式。本白皮书接受云计算和大数据应用已作为互联网万物互联时代基础设施的预设前提，认为凡需要借助云计算和大数据实施的商业活动，均可通过软件开发和科技应用来优化和改良，故本白皮书是一份 BaaS 产品方案能将商业的语言翻译给数据科技，通过该 BaaS 产品用以实现的商业系统价值网络的交易结构与商业模式全方位呈现，用数据科技的语言诠释商业逻辑。这种寻求商业与数据科技深度融合的尝试，将为新疆上海间商贸流通供应链市场建立全新的市场机遇判断、技术应用场景、产业资产形态、成本逻辑、分销模式等一系列商业科技共识。

0.2.2　新疆上海间商贸流通供应链市场的超大规模性

新疆是远离一般消费者的"远方市场"，是"一带一路核心区"，是全球市场重要的棉花、西红柿产地和中国重要的葡萄、

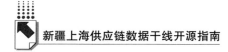

红枣、核桃、苹果等林果主产区，其占国土面积的 1/6，是全球独具自然与人文魅力的稀缺旅游目的地。优越的生态物产资源与市场发育水平间的巨大落差，使新疆一直以原材料输出方式向中国和全球市场供应着优质产品。与之相反，上海作为长三角城市群发展龙头和经济引擎、中国经济中心、亚洲金融中心和全球重要金融与消费市场，拥有无可替代的资本运作和市场优势，一直以来既是对口援疆的主力，也是全方位开发新疆传统优势资源的主要市场力量。存在于新疆上海之间的比较优势显而易见的一直在产品、市场、物流、商事服务、资本等诸多价值节点并发，在当下完成新疆上海间流通供应链服务能力的封装，势必基于该价值网络构建一个超大规模的内生服务市场。上述理念构成了本白皮书贯彻始终的根本认知框架，其分析体系来源于撰稿人之一李东衡携上海关天数据接受新疆巴音郭楞蒙古自治州库尔勒经济技术开发区委托承担综合电商平台丝路 e 宝运营与开发工作的实践视角。

0.2.3 流通供应链资产崛起

据中国新闻周刊综合国家邮政局官方数据，2018 年我国快递总量达 507 亿件、业务收入 6038.4 亿元，电商快递件占快递业务量的比重已超过 80%。两位撰稿人基于丝路 e 宝项目实施经验亦得出类似结论——以仓储物流物业为硬件、供应链数据中台为软件的新型流通供应链资产，已成为电商快递对物流业进行重塑的结果，并将迅速地重塑流通供应链市场参与主体类型、运营服务、交易架构和盈利模式。物流业存量与供应链数据资产融合的结果产生了物流业的逆周期溢出效应，即在保证流通供应链运营规模条件下获得稳定收益能力，2019 年 3 月由菜鸟网络在上海证券交易所发行的"菜鸟中联—中信证券—中国智能骨干网仓储资产支持专项计划"获投资人超额认购即为强有力佐证。本白皮书所称"供应链数据干线 BaaS"即为该趋势判断中的供应链数据中台模块，在新疆上海间流通供应链服务的广阔应用场景内，供应链数据干线 BaaS 将为仓储物流物业注入高效的流通供应链管理服务功能，进而结合形成规模巨大的新型标准化投资资产。这些资产既可用于运营常规流通供应链和物流业务，也能通过寻求认证、作为苹果期货和红枣期货等大宗商品交割仓发挥更大服务价值。

0.2.4　重新定义流通供应链成本的商业价值

本白皮书试图纠正这样一系列根深蒂固的歧见——企业将销售选品与销售渠道约束条件分离、将营销成本与物流成本分离、将利润率与产品细分营销能力分离、将销售定价与企业资金周转效率分离、将流通环节总成本/流通供应链成本放任为沉没成本……上述歧见导致企业不断面临压低供应商价格、难以建立稳定共赢流通供应链关系的局面。重新定义流通供应链成本，充分揭示流通供应链各节点参与主体成本，对于各参与主体精确制订全面预算、合理报价、提高供应链交易效率、优化全链条供应链成本意义重大。这并非出于理想主义的片面认知，而是从流通供应链全局优化入手，阻断交易各方间应收账款"违约事件链"、减少供应商/渠道商因成本而互害、进行供应链结算风险前置管理的必然选择。

0.2.5　基于分布式账本的去中心化分销渠道资产

分销渠道作为流通供应链不可或缺的重要一环，在本白皮书中体现出巨大的黏合作用——选品、目标市场、目标消费人群、物流网络规划、销售定价、促销方案、与供应商交易模式、结算方式等核心内容，无一例外的受到分销渠道约束。基于数据可得性的逻辑前提，上述诸项数据能够较为精准地进行销售目标达成率事前评估，进而令分销渠道的"销售速度—销售规模—定价实现能力"具有与仓储物流物业类型流通供应链资产相似的资产效应。依托供应链数据干线 BaaS 创建的分布式账本，分销渠道可独立地获得自主选择分销品种和区块链增信的能力，不必从属于某一中心化平台。去中心化分销渠道资产的兴起，可在供应链数据干线 BaaS 容器内支持任意供应商与任意分销渠道自组织的扁平化，不必通过传统"供应商——一级分销——二级分销"流通模式，由此降低核心商贸企业（一级分销商）对供应链的约束力，变传统的"加价分销模式"为"数据化分销模式"，降低供应链中的总流通成本。

0.2.6 快消品新零售品牌小型化的供应链支撑

本白皮书以供应链数据干线 BaaS 产品为入口，以多种形态流通供应链资产创建和流通供应链成本治理为重要价值，根本目标仍在于为长距离商贸流通活动服务，降低流通供应链全链条交易成本、提高交易效率。在同时覆盖多种流通品种、推行数据化分销模式的基础之上，供应链数据干线 BaaS 因此获得敏捷供应链服务能力，令垂直服务诸多细分市场、渗透性偏弱的快消费品，能以较低成本通过供应链数据干线 BaaS 同时构建线上线下新零售品牌，实现品牌小型化的生长策略。这一应用方向也符合"一带一路"倡议和西北市场内生市场不足、自西向东进行外向型品牌扩张的价值取向。白皮书中着重以新疆葡萄酒为产业案例，解释了这一应用方向的具体结合方式。

0.3 本白皮书是一套流通供应链金融风险揭示工具

0.3.1 流通供应链金融内涵的扩展与链上清结算体系构建

本白皮书从流通供应链实务特征出发，以供应链交易结算与物流交付数据穿透作为风险揭示工具，并结合公司金融认知框架，力图重建供应链多点并发的融资需求细节，将贯穿供应链全程的资金流节点与金融产品逐一匹配，消除信用错配的结构性风险。白皮书的下篇着重基于丝路 e 宝配套系统案例提供了一个穿透流通供应链合同交易条款、支付收单、款项结算、经营性融资等运营节点的全景视角，用于说明流通供应链金融如何通过多种金融产品组合重建一个风险分级、以链上交易款项清结算指令处理为内核的供应链金融体系。更进一步地，本白皮书基于供应链数据干线 BaaS 框架，倡导运用"流通供应链指数"工具揭示任意具体流通品种的流通供应链完整度及供应链金融风险，并将其作为流通供应链金融业务的标准配置。有鉴于此，本白皮书将前述工具设计理念与架构，创意开源，可便于供应链金融机构自行基于架构调整和优化自有产品业务。

0.3.2 分销渠道资产对核心企业信用再分配模式的摆脱

基于分布式账本的数据化分销渠道资产，其数据资产评估来自于流通供应链全链条而非核心商贸企业（一级分销商），故而，基于供应链数据干线 BaaS 创建的分销渠道资产，必然能够摆脱现行供应链金融采用核心企业信用再分配模式的局限，使核心企业经营风险与分销企业经营风险隔离，尽最大可能摆脱核心企业利用自身交易优势地位所形成的应收账款违约和灭失风险。上述思想可便于供应链金融机构有效地应用白皮书调整和优化其自有产品业务。

0.3.3　流通供应链数据治理的业财一体化导向

本白皮书对供应链数据干线 BaaS 的架构设计，支持在流通供应链全链条内进行多点并发数据集成对象，并依供应链交易流程产生单一链条节点的分布式数据建档，该分布式数据建档亦为交易双方的分布式账本。故而，该账本数据结构同时兼具对象视角和外部业务能力，不仅可辅助交易双方实施全面预算，还可令商品或服务采购方为对方提供面向流通品种的全局流通供应链成本设计能力，实现以业财一体化为导向的商业智能。在此，账本数据结构客观上包含了对全局流通供应链成本要素数据的封装体系，这一服务能力主要用于揭示供应链金融风险中源于流通品种、成于供应链交易架构、终于交易方运营水平的结构性风险，是供应链金融机构应用白皮书调整和优化其自有产品业务的主要参考工具。

0.4　本白皮书是一份价值新蓝海的航行图

0.4.1　创建共识与共享市场

数据、商业和金融风险，是新疆上海供应链数据干线的核心关键词，以贯彻"用数据提高商业效率、降低交易成本，以商业孵化新兴资产，为金融发挥数据应用价值、揭示商业风险"。在此共识下，两位撰稿人与读者共享新疆上海间流通供应链这一新兴市场空间。

0.4.2　工具校正认知，工具成就共识

信息互通与价值交换是商业之本，两位撰稿人将白皮书提供的供应链数据干线 BaaS 产品方案视作可供读者自行使用开发的便利工具，从而力求各自独立开发系统之间具有一致的逻辑前提，能够实现最大范围内的数据流通与交换。能够作为一个新兴市场的倡导者和推动者，撰稿人愿意与各界系统开发者或商业主体进行广泛的联结，反馈者可将该方案的使用疑问或有关问题发至撰稿人，共建这一新兴市场。反馈邮箱为：7563856@qq.com，撰稿人微信号：lyrezli。

0.5　白皮书体例说明

表 0-1

章节编号	内容
1	章标题
1.1	节标题/章要点正文
1.1.1	小节标题/节要点正文
1.1.1.1	小节要点/正文
1.1.1.1.1	小节要点条目
该条目说明	小节要点条目说明
1.1.1.1.1.1	小节要点条目说明子标题
※ 该标题正文	小节要点条目说明子标题正文

注：①白皮书全文以章标题为一级条目，自章以下至正文共使用8级条目；②白皮书共由12个一级条目组成，1~5为上篇、6~12为下篇；③一级条目以下每级条目依内容详情差异，不必然为标题或正文。

目　录

下　篇

丝路 e 宝经济学：新疆上海供应链数据干线原型应用

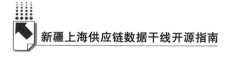

新疆上海供应链数据干线开源声明

　　新疆上海供应链数据干线是一套围绕流通供应链商业信用创建驱动供应链交易效率目标而设计的云计算共识解决方案。用合理简化过的数据方案解决复杂商业需求，是IT技术在商业应用中唯一的演进方向。商业交易与商务合作云计算协议化，依赖于在最短周期内达成共识和消除供应链内部信息不对称，因此，实现商业模式开源共建，是新疆上海供应链数据干线存在的终极意义。

1 供应链数据干线商业协议框架

1.1 共识协议

本设计提出的初衷在于建立这样一种共识——既肯定商业信息不对称对于支撑长距离商贸流通行为利润率的积极作用，也确认同源信息不对称会推高流通供应链成本而对商贸流通活动产生抵制作用；既明确供应链金融服务对商贸流通行为具有平衡收支的积极作用，也确认金融机构贯彻风险隔离监管要求而采取有限合作的必要。因此，在特定供应/分销网络中保持充分的信息开放与数据交易，有利于将成本结构与多种风险约束在相对合理范围，确保分销网络拥有足够的利润以达成商业繁荣。为此，指向不同商品品种、交易对象、物流服务、主要目标市场需求、分销渠道、信用级别的数据共存于同一组供应链业务中，交易对象一经获取上述数据即可快捷地建立高匹配的供应链商务关系，缩短供应链全链条交易时间，提高整体交易效率。

1.2　数据框架

本协议框架所涉供应链组织、交易结构、商务关系、业财一体化管理、数据信用等功能均以云计算数据聚合为实施途径，通过对数据库结构和数据字段分布对商业各方数据需要的预设兼顾，满足从供应商到消费者的全流通供应链业务数据化需求。

1.3　财务驱动

本协议框架支持创建以仓储物流供应链资产为服务节点、以流通供应链数据中台为服务能力、以流通供应链产业基金为运营体系的供应链商业生态，通过供应链金融服务场景开发、实施财务驱动型流通供应链高周转资金综合管理，以保障流通供应链交易对象的稳定有序经营。

1.4　营销通路

本协议框架遵循专注服务大宗消费商品长距离分销网络、以行业垂直场景为服务范围，在致力健全远离国内主要销售市场各类型商业渠道的同时，重点通过业务开放、数据开放和协议输出方式为大宗消费商品主要供应地建立产地供应链品牌服务体系，在供应链数据干线两端维持同一营销通路的双向输出动力。

1.5　物流管理

本协议框架包含了大宗消费商品长距离分销网络中构成流通供应链成本结构较大权重的物流成本设计方案，并向接受本协议框架的物流服务商输出面向商品品种的物流成本设计能力，帮助物流服务商更加懂得行业垂直物流场景需求与成本管理需求，同时支持物流服务商进行管理成本优化、用户服务价值拓展、行业垂直服务场景开发等流通供应链服务能力升级。

1.6　分销结算

本协议框架围绕财务驱动原则，面向本协议框架接受者内建流通供应链交易支付、收款结算、交易现金流管理、定向融资等供应链金融服务场景所需的数据集成方案，帮助用户建立高质量的现金流管理能力和成本控制能力。同时以用户现金流管理能力和成本控制能力为基石，支持以商业银行为服务主体理解行业垂直交易场景、流通供应链运行风险，实施商业银行主导的向协议接受者提供全链条各节点的供应链金融服务。

1.7　信用创建

基于本商业协议框架所达成的供应链网络关系，本协议框架接受者将自动获得面向接受本协议框架的所有交易对象和服务主体的数据信用（包括但不限于仓储物流服务商、供应链金融服务商、品牌服务商等商业主体），从而进一步获得本协议框架所支撑服务的费用优惠、服务优先、资源互换等一系列便利。

1.8　透明资产

本协议框架提供了创建以仓储物业融合物流交付与供应链数据干线中台业务能力为底层资产的供应链资产设计体系，在具备全资产可见的前提下，供应链资产通过实施供应链数据干线中台数据集成能力，有效地缝合从虚拟数据到物理现实之间"交易—交付—他物权"的信息鸿沟，从而保障其作为风险透明的底层债权资产。

2 供应链数据干线协议框架结构兼容对象

2.1 国家物流供应链数据平台

2.1.1 中央人民银行动产融资统一登记公示系统：https：//www.zhongdengwang.org.cn/zhongdeng/index.shtml。

2.1.2 上海期货交易所标准仓单交易平台：http：//www.shfe.com.cn/commodityspot/index/。

2.1.3 交通部网络货运信息交互系统：http：//wlhy.mot.gov.cn。

2.2 供应商

2.2.1 消费商品的生产制造商。

2.2.2 消费商品的一级供应商。

2.3　分销商

2.3.1　消费商品的二级以下分销商。

2.3.2　消费商品的零售商。

2.3.3　消费商品的网络零售商。

2.4　仓储物流及供应链服务商

2.4.1　处于消费商品交付环节的仓储企业。

2.4.2　实施消费商品交付运输及快递配送的物流承运人。

2.4.3　物流网络平台。

2.4.4　供应链管理公司。

2.5　商事服务机构

2.5.1　品牌设计及制作公司。

2.5.2　包装设计及包材制作公司。

2.5.3　营销咨询顾问公司。

2.5.4　广告公司。

2.5.5　公关与活动策划公司。

2.5.6　会计师事务所。

2.5.7　税务师事务所。

2.5.8　律师事务所。

2.6　商业银行

2.6.1　账户结算业务。

2.6.2　信贷融资业务。

2.7　非银行供应链金融机构

2.8　产业基金

3　供应链数据干线核心共识/机制

3.1　新疆上海区间供应链应用超大规模性

3.1.1　日常商贸活动存量超大规模性。

面向中国两个距离最远市场提供稳固的流通供应链数据服务，需要同时处理市场供应品种和供应量、需求类型和需求级别、定价策略与成本结构、交易风险和交付风险、资金效率与回报率等丰富信息。将这种量级信息服务分割或缩小，都会直接导致任何一次长距离商贸活动的交易风险升级，由此造成的企业投资损失，既实质地浪费消耗着大量社会资源，也制约了以新疆为代表的西北输出型市场活跃性。供应链数据干线将复合市场数据约束在流通供应链内、对商品进行价格和成本的匹配，使20%高品质产品从80%普通品质产品中分离出来、加速价格分级，以及，起点置于新疆的供应链干线串联起整个西北市场所汇集各地的"20%优品"具备稳定大宗供应规模，由此使西北输出型市场在与市场化程度最高的长三角市场融合过程中，能够保持持续的日常商贸活动存量超大规模。

3.1.2　物流业务复合存量超大规模性。

目前以兰新线为主、支撑日常商贸活动存量的物流业务量已保有稳定规模，随着"20%优品"成本觉醒和商贸活动多业态发展，物流业务还在从传统物流公司为主的经营格局向物流网络平台化、物流供应链一体化转型，来源于新疆、上海间商贸活动的业务量还将由单一形态存量转变为复合存量。其中，网络平台化、物流供应链一体化对仓储、运力的智能调配管理正在使物流业务从物流公司脱离，随之引发流通供应链基础设施一方面向数据中台升级；另一方面向以仓储物业为载体的供应链资产复合化，这一升级过程深远地影响着物流供应链一体化业务的裂变。面向商品品种的供应链成本设计，即将成为物流业务复合存量裂变的核心服务能力。

3.1.3　短期资金周转存量超大规模性。

商贸流通企业以自有资金承担社会商品全流通的职能，同时向流通供应链上多个方向消耗资金（设计、包装、营销、广告、促销等）却只能在完成销售后分阶段回收资金，这种短期支出与中长期回收分离的资金占用量分配情况，决定了商贸流通经营过程中的实际资金使用量大幅超过了最终商品销售额。因此，商贸企业短期资金周转总量和周转次数同最终商品销售额之间正相关。基于新疆上海区间日常商贸活动存量和物流业务复合存量的双重超大规模性，流通供应链也稳定存在短期资金周转存量的超大规模性。

3.1.4　供应链资产创造增量规模想象。

短期资金周转存量的存在，一方面，对流通供应链运行总量（日常商贸活动存量和物流业务复合存量）产生制衡效应；另一方面，依物流业务复合存量的结构化细分而能够基于仓储周转效率管理调整同一区域内的制造供应链仓储物流成本，由此，扮演流通供应链主要交付网络节点的仓储物业正在通过叠加供应链数据干线对交付在途商品的强数据监管，演变为实施物流调度暂存、特殊储存条件管理（如冷链）和货物质押三种管理流程的关键性资产。这一管理能力的重大转变不仅使智能仓储在内在功能上超越以往物流资产，更在资产外延上强化了流通供应链作为一个独立新型通用资源进行集约化资本运作的必要性。

3.1.5　东向西服务输出增量规模想象。

新疆上海区间现有的西向东农产品输出的商贸结构，正在伴随物流供应链一体化和流通供应链基础设施的完善而逐步切换到流通供应链服务业务增长频道。依托供应链资产实施市场信息与农产品结合的服务业，是创造出大幅超出原材料价格的增长点。典型农产品分级筛选如买手带着品牌意识下沉到乡村一级、将产品分拣数据记录前置到预冷仓环节、商品推广工作将图文数据生产工作前移到产区、物流计调同时实施逆向跟踪数据采集维护、依托气调库在产区打通储运拣包流程等服务工作实施，均建立在相匹配的流通供应链系统基础之上。

3.1.6　共识协议化网络增量规模想象。

正如新疆上海供应链数据干线所坚持的共识创建理念，本协议框架不仅仅旨在实现商贸流通环节的供应链融合，更在于使提供配套品牌、营销、财税、法律等的商事服务机构使用这一共识，一致达成商品定价核心塑造，同时兼顾流通供应链成本与该商品定价之间的均衡，以保障上述价值链条在具体商品流通活动中实现普惠利润。与普惠利润的商业创造过程伴随而来的，即新疆上海供应链数据干线共识协议所带来的增量规模想象。

3.2　核心服务组

3.2.1　流通供应链服务智能合约。

3.2.1.1　唯一智能合约。

每一品种大宗消费商品流通供应链服务使用唯一的智能合约，每一协议接入方依该合约获得唯一账号。

3.2.1.2　数据结构化处理。

合约自动进行交易对手和交易条款等数据与规则的自结构化处理，并存入供应链数据干线数据库。

3.2.1.3　物流指令发出。

合约自动依交易规则，向供应链数据干线合作仓储物流服务商发出运输委托指令，并自动签订委托协议。

3.2.1.4　分销协议批处理。

合约自动依交易规则，依供应商委托供应链数据干线执行分销代理权限，同申请成为分销商的企业自动签订分销协议。

3.2.1.5　清结算指令发出。

合约自动依交易规则，向交易双方在指定银行的结算账户发出清结算指令。

3.2.1.6　合约标的权利状态转登记。

合约自动进行交易标的在仓储、运输、交付、质押等权利状态下的标记和登记。

3.2.1.7 交易方合约结构化报表生成。

合约自动对每一协议接入方就合约内容及履行情况汇总为结构化报表，供协议接入方评估使用。

3.2.1.8 智能合约要件数据。

包括下列核心模块：

3.2.1.8.1 交易商账本模块。

3.2.1.8.1.1 供应链服务合同。

3.2.1.8.1.2 交易对象。

3.2.1.8.1.3 交易品种。

3.2.1.8.1.4 交易结算流水。

3.2.1.8.1.5 物流状态。

3.2.1.8.1.6 质押登记。

3.2.1.8.2 业务流程模块。

3.2.1.8.2.1 SKU。

3.2.1.8.2.2 供应商。

3.2.1.8.2.3 分销商。

3.2.1.8.2.4 物流配送。

3.2.1.8.2.5 流程时间。

3.2.1.8.3 成本管理模块。

3.2.1.8.3.1 物流运输成本。

3.2.1.8.3.2 分销商成本。

3.2.1.8.3.3 促销成本。

3.2.1.8.4 价格管理模块。

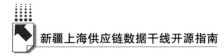

3.2.1.8.4.1 区域。

3.2.1.8.4.2 品类。

3.2.1.8.4.3 渠道。

3.2.1.8.4.4 品级。

3.2.1.8.4.5 规模。

3.2.1.8.4.6 品牌。

3.2.1.8.5 清结算会计模块。

3.2.1.8.6 资金用途模块。

3.2.1.8.7 数据分发处理模块。

3.2.2 流通供应链指数。

详见本书"11 新疆葡萄酒流通供应链指数概述"。

3.2.2.1 本协议框架采取"一个流通品种一个流通供应链指数"的服务，透明化该品种流通供应链投资及运营景气程度。

3.2.2.2 指数数据来自 3.2.1 流通供应链服务智能合约。

3.2.2.3 指数可为供应链金融服务方提供供应链风控场景数据。

3.3 供应链资产中台

3.3.1 供应链资产中台。

构成新疆上海供应链数据干线流通供应链服务智能合约实施服务管理能力的运营核心。出于流通供应链的运行特殊性（尤其是流通供应链基于物流、对物流业的升级创新），供应链资产中台使"商流—信息流—资金流"被严格地约束在特定硬件仓储网络和软件服务端口的范围内（参见本书"4.3　流通供应链的通用资源和专用资源"）。

3.3.2　硬件：供应链数据干线标准仓储网络。

供应链数据干线兼具网络性和线性（参见本书"4.3　流通供应链的通用资源和专用资源"），标准仓储网络同时承担货物数据生产、物流数据采集、货物状态管理等功能，是供应链数据干线运营和进行交易风控的主要载体，也是供应链数据干线配套的核心供应链资产。

3.3.3　软件：供应链数据干线端口中台。

供应链数据干线端口中台承担核心服务组、标准仓储网络与用户具体业务的流程实施。

3.3.3.1　数据生产端口。

3.3.3.2　数据交易端口。

3.3.3.3　物流网络平台端口。

3.3.3.4　交易端口。

3.3.3.5　金融服务端口。

4 供应链数据干线经济理论模型

4.1 地缘性供应链成因的认知更新

4.1.1 不同于社会分工理论，货物交付地缘性是流通供应链的直接成因。地缘性对于流通供应链的底层约束意义，在于不同地理条件塑造出不同模式的流通供应链关系和交易结构，相应地交易成本和交易效率也随之不同。

4.1.2 传统经济学认为供应链体现了社会化分工和资源配置的内生需求，其潜台词意指通过调整资源配置状态即可以起到调整供应链交易成本和交易效率的结果，然而事实上，当地理条件发生改变时，一种交易结构并不能天然地适应另一种地理条件下的流通供应链需要，最典型表现即是交易效率与交付效率的分离，这种现象在远离繁荣市场地区和长距离商贸流通活动中都可以清晰地看到。对此详细论述参见本书下篇"丝路 e 宝经济学：新疆上海供应链数据干线原型应用"。

4.1.3 基于地缘性成因，流通供应链交易结构所反映出的供应链关系是进行流通供应链设计的土壤，其内在逻辑则是流通供应链关系是天然的地缘性社会关系。尤其在移动互联网改造长距离商贸流通活动的过程中，交易与交付分离的普遍性，表面上打破了地缘性成因的约束条件，却也加剧了交易结构在交易/交付信息异步中的信息不对称，其负面结果是增加了长距离商贸流通活动中的交易信息真伪甄别成本和货物交付灭失风险成本，成本增加进而抑制了交易效率。

4.1.4　此即为以新疆为代表的中国西北商贸活动繁荣度的主要抑制因素。地方产业主管部门针对这种局面始终在进行各种尝试，试图通过借鉴经济发达地区供应链发展模式和电商产业政策的推动来加速产业化。遗憾的是，这些尝试往往违背了前述地缘性成因对流通供应链的底层约束性而难以调动当地交易热情、形成流通供应链的真正良性循环。

4.1.5　流通供应链设计是对供应链关系的想象设计，在进行设计时必须遵循地缘性成因的客观规律。

4.2　流通供应链必须以 SKU 为中心

4.2.1　区别于传统企业供应链管理理论体系的第二个基本底层约束条件，是流通供应链必须以商品品种 SKU 为中心进行优化设计。

4.2.2　商品流通，是流通供应链的天然职能和根本使命。无论哪种主体进行商贸流通活动，都只是完成交易的实施者，而非交易的中心。这种源于一般性商业常识的认知常常容易被忽视，但却主导着古往今来的人类商业兴衰史，丝绸和瓷器对于古丝绸之路即是最典型的无须赘述的代表。

4.2.3 SKU对流通供应链的最基本塑造在于充足的利润率驱动。这是一切商业行为的起点亦毋庸置疑。因此，凡未能形成一套良性运行流通供应链机制的内在原因，皆源于核心SKU缺失。设计流通供应链，必须牢牢基于地缘性寻找最优SKU。

4.3 流通供应链的通用资源和专用资源

4.3.1 基于地缘性和SKU中心原则，流通供应链迥异于传统供应链管理的第三大底层约束条件，在于构建网络的供应链节点是一种超越一般企业管理逻辑的流通供应链专用资源，串联起所有节点的供应链数据干线则是流通供应链通用资源。

4.3.2 通用资源和专用资源的综合结果决定了流通供应链与传统供应链管理的本质分野——传统供应链管理理论认为企业的采购需求是供应链行为的起点，这种认知已不能适应中国市场一体化、城镇化和物流业发展，尤其是新疆上海这样超大规模尺度内长距离商贸活动效率的复合需要，将流通供应链从传统供应链管理中剥离的意义，是尊重了商贸企业在全社会流通中的边界和"介入式"现实关系，即流通供应链是一个不可能从属于任何企业经营行为的内生外部性体系。

4.3.3 人类社会的市集和城镇是天然的流通供应链节点，与此具有类似功能的还包括古丝绸之路上兴起于西汉的军事设置烽燧系统，前者表现出流通供应链的网络性，而后者体现出流通供应链的线性。另外，地缘性决定了供应链节点分布的位置和广度，它们共同固化了网络性的天然优化，而 SKU 中心原则决定了供应链节点间组织和自组织的结网效率，流通供应链正由于同时兼具网络性和线性，才具备了以 SKU 为中心的地缘性供应链交易效率最优的可能。

4.3.4　供应链数据干线正是古丝绸之路极其珍贵、无法复制的商业文明遗产。这份遗产传承至今，则是一套全面数据化的以智能仓储叠加供应链数据干线的供应链资产节点织成的超级网络。

4.4　流通供应链金融管理

4.4.1　流通供应链第四个底层约束条件，是流通供应链金融作为流通供应链管理的内在驱动力量，它反映出现金流管理能力在商贸企业经营和流通供应链行业运行中牢不可破的基石作用。

4.4.2　流通供应链金融与供应链资产节点同为专用资源而迥异于其他金融服务形态，其内在逻辑是贯穿商贸活动现金流周转全程的资金收、付、结算、应收账款融资、实物质押债权、票据等业务构成清晰且完整的供应链交易资金流指向。相比之下，单一的应收账款、实物质押、票据等融资业务都只能反映交易局部一环且仅以融资方现金储备为底层信用，客观上不能准确充分暴露流通供应链交易中的真实风险，一旦遇到经济环境不景气、连环债务违约，上述融资环节将同时出现违约，从而导致风险杠杆骤然放大。

4.4.3　建立全面的风险匹配体系，需要对流通供应链交易全链条的数据穿透视角，这不仅需要更新对流通供应链金融风险的认知，需要扩展风控的交易数据应用体系边界，更需要对流通供应链金融的内在服务逻辑、服务主体和服务项目结构进行重塑，这种全面的风险匹配体系创新必须基于一个"最佳实施主体前提"，即流通供应链金融服务的主体应该是具备覆盖流通供应链全链条资金业务牌照的商业银行。

4.4.4　商业银行从现金流管理职能切入，面向流通供应链交易主体提供整体优化的综合金融业务，保障商贸企业和流通供应链全链条的交易效率，这是流通供应链金融独有的驱动供应链管理的典型性特征。

4.5　流通供应链是对物流的一种升维创新

4.5.1　必须严格区分物流与流通供应链各自的边界、理性地认识到流通供应链是对传统物流业的一种升维创新，也是决定流通供应链的底层约束条件。

4.5.2　对物流交付功能给予基石性重视，能够同时锁定主要 SKU 的利基市场所在城市及其规模边界，并始终保证优先量化物流成本在流通供应链成本中的比重，确保在进行市场扩张时无视物流成本和流通供应链成本进行分销网络补贴和促销，从而造成成本失控、挤压分销商平均利润。锁定主要 SKU 的利基市场所在城市及其规模边界，极其有益于进行快递和城市配送网络规划，从而能使流通供应链的交付半径扩大，以及在该市场中进行营销资源的组织"调度"工作变得更敏捷和高效。

4.5.3　然而，在确认物流交付功能的基石属性的同时，也必须警惕被束缚于单一的物流交付视野。单一物流交付服务的准入门槛在共享经济面前极低，第三方物流、合同物流等物流服务模式在中国经过十几年发展，已经迫使物流行业越来越向网络平台和运输管理进行两极分化，而出于 SKU 市场定价和成本管理需要，流通供应链生态早已跨越了物流交付基本功能延伸至服务供应链。这种局面摆在分化的物流行业面前，就显示为"1 个差异 1 个共性"——差异是网络平台开始物流供应链一体化，而运输管理/管车则专注于物流交付，共性是面向商品品种的物流成本设计与管理成为物流行业必须普遍提升的业务能力。

4.5.4　冷链物流服务商是最典型的面向商品品种物流成本设计模式，该细分业务脱胎于传统物流配送业务的内驱力，即源于冷链商品特品质控制需要对物流成本的约束，这种成本约束进一步迫使物流与配送两种业务流程一体化。于是当下市场就清晰地呈现出一种变革趋势，这种面向商品品种物流成本设计的业务能力，正在引发所有物流公司客户结构、市场规模、服务项目、资产配置及管理流程等业务层面的剧变，而流通供应链即是决定这一业务能力服务边界的约束条件——面向商品品种的物流成本能且仅能通过 SKU 市场定价管理和销售完成消化。

4.5.5　在这一层面，流通供应链完成了对传统物流的一次升级创新，同时强化了物流交付在流通供应链中的底层约束角色。这种内生力量决定了供应链资产节点网络的全面兴起。

4.6 流通供应链成本是一个管理成本体系

4.6.1 流通供应链管理服务的使命是在非标准交易场景中实现交易成本下降、交易效率提升。

4.6.1.1 在认清流通企业的基础供应链成本常识之后，那些始终存在于流通业的现象就能一目了然，诸如：

4.6.1.1.1 绝大多数商品种类流通业准入门槛低。

4.6.1.1.2 小微企业甚至个体经营户众多，难以用经营规模去评估其实际收益。

4.6.1.1.3 常见不按实际交易金额开发票的情况。

4.6.1.1.4 在多家平台上开网店。

4.6.1.1.5 仅使用某家电商平台物流服务。

4.6.1.1.6 在电商平台上获得客户信息后脱离平台线下交易。

4.6.1.2 上述现象的存在，直接导致流通企业在申请银行贷款时，传统银行必然处于企业信用不足、经营风险难以评估、资金实际用途难明确等局限中不能通过贷款申请，民间借贷发展成为最常见的短期资金周转来源。

4.6.1.3 因此，与其说非标准交易场景否定了流通企业间存在一种"通用的"电商模式，不如说，流通企业需要一种能够适应非标准交易场景的成本管理和效率提升工具，以弥补自身在商贸业务能力之外的不足。

4.6.2 流通供应链成本同时具有行业一致性和企业特殊性，尽管同一 SKU 种类在配置不同商品品级、不同流通渠道、不同品牌策略时发生的成本结构存在极强弹性，但该项主要适用作业成本法，因而即使成本弹性空间较大，仍能通过对供应链条件的设定而进行必要管理。

4.6.2.1 行业一致性提供了具有稳定波动区间的部分成本，在此项中，相同供应链条件下的两个供应商成本基本一致。这主要是由于同一产地的同类型 SKU 往往使用条件高度相似或完全一样的包材、仓储、物流等服务供应商。

4.6.2.2 企业特殊性是制造成本弹性的主要原因，它主要取决于企业选品、品牌、销售目标、市场策略、营销能力、渠道拓展、现金流管理等综合经营能力，这也是造成企业利润差异的根本原因。

4.6.2.3 面向 SKU 品种的流通供应链成本设计，是供应链数据干线优于物流企业的存在基础。正是这种基础业务能力的存在，使流通供应链从物流业中脱胎形成新的服务。

4.6.3 长距离商贸流通活动的管理半径与云计算服务成本最优逻辑。

4.6.3.1 新疆上海间的商贸流通业务需求虽然庞大，但长距离与超越常规的管理半径大幅提高了流通行为管理的复杂度和不确定性，造成普通商贸经营模式下经营风险极高，从而推高管理成本。

4.6.3.2 通过创新交易模式，将供应链数据干线分别作为供应商和分销商的交易对象，且伴以不改变或有限制性地改变货物的仓储物流状态，运用流通供应链云计算服务使仓储物流数据替代实物进入交易环节，能在降低货物长距离物流过程中不确定性的同时，并保证交易效率，从而取得扩大商贸流通活动管理半径、控制管理成本的效果。

4.6.4 商品价位与运费比，决定了物流业在商贸流通领域必然向流通供应链形态进化过渡。

4.6.4.1 新疆上海间的长距离特殊性，打破了普通物流快递公司在物流设施发达地区和成熟市场的组货优势。在以上海为龙头的长三角一体化市场中，区域内人口密度高、物流节点密集、城乡收入差距小、市场需求的种类数量和规模均远超其他区域，使消费与生产均衡。

4.6.4.2 西北五省总人口规模有限且密度低，与长三角对比属于典型的产品和资源输出地区，收入和消费能力限制了在新疆上海间进行双向物流服务时的需求种类、数量和规模，西部对东部的输出规模无法与反向输入规模相匹配。

4.6.4.3 将市场发展程度差距如此之大的两个目的地连在一起，固然暴露出双向物流成本难以平衡的缺陷，但这也为流通供应链在长距离间组货的平衡能力——新疆—上海、上海—西安、西安—兰州、西安—新疆，是目前可以确定的 4 段运程，高时效、多段并行的流通供应链运能与组货服务，对普通物流快递公司而言不啻为理想的物流成本对冲方式。

4.6.4.4 目前采取多段并行智能物流管理的如京东物流，即依托京东电商平台实施该模式，故而能够确保在该领域拥有最高物流时效，成为西北配送质量和客户体验最优的服务平台。事实上已成为流通供应链服务模式的理想范本。

4.6.5 企业能力、商贸距离、云计算服务以及运费比，对流通供应链成本结构的塑造直接决定了商贸企业经营风险，更关乎其风险定价结果。

4.7 涉疆商贸流通供应链大数据的信用创建功能

4.7.1 商业信用是比金融信用应用更为灵活和广泛的企业原始信用。商贸经营行为即是商业信用的生成机制。

4.7.1.1 现代金融业的空前发达与金融信用密不可分，货币发行、银行信贷、资产管理、企业投融资、证券交易等金融产品均以金融信用为牢不可破之基石。出于风险管理需要，各类金融机构和资管主体无不围绕信用评级，对投融资主体及其行为进行严苛对待。投融资主体及行为与金融信用评级体系之间是标准的匹配关系，因此，一旦企业金融信用受损，融资行为将无法有效开展。

4.7.1.2 与金融信用相类似的，是企业自登记取得法人主体资格时即拥有的商业信用。在简单商务关系中，一对应收应付资金关系两端的企业，根据双方约定进行赊款和延迟收款即是最原始的商业信用形态。事实上，金融信用也由商业信用脱胎衍生而来，借由现代金融体系的信用工具，企业可以进行更大规模融资，在更多样的时间周期内、更大量的资金需求上从事商业经营，这促使金融信用对商业信用形成青出于蓝而胜于蓝的压倒性地位。

4.7.1.3 然而商业经营的现实需求往往不一而足。在商贸流通领域内，企业拥有较稳定的交易对象、经营流水和交易规模，并具备一定资产但因受限于金融信用不足而无法进行贷款融资的情况极其普遍。这种情况存在于所有品种的商贸活动中。

4.7.1.4 严格来说，这并非金融信用的短板，而是当下国内金融业发展阶段的局限——在针对商贸流通领域经营行为特性不够了解、经营数据采集不够充分、供应链关系治理不够规范的场景中，金融信用可能无法像较为原始的商业信用那样及时、快捷地解决流通企业一时的资金困难。反而，流通企业经营中形成的商业无一不构成商业信用的内容。

4.7.1.5 不仅如此，流通企业不同于其他行业的根本特性在于"仓储—物流—配送"三流程一体化，无论仓配一体化应用于外部客户或企业内部，兼容伴生仓配一体化服务的流通企业其业务数据即构成商业信用。此类信用数据一旦成形，即具备三向服务能力——交易双方和任一方的金融服务商，这得以令商业信用获得超出金融信用的广泛应用场景。

4.7.1.6 这种更加普遍的信用能力是企业自创立伊始即自然获得的能力，它使商业信用能够在企业间通行，令商业信用可以在预设条件下同步并补充金融信用的局限性。

4.7.2 涉疆商贸流通供应链的交付延迟特性是商业信用创建的最佳场景。

4.7.2.1 必须承认新疆所处独特地理区位对商业和经济的决定性作用——由于存在长距离商贸活动的交付延迟特性，从事涉疆商贸活动的企业不得不提高流通供应链中选品、分销、仓储物流和现金流等方面的管理能力。只要是涉疆商贸活动，对这方面的需求都要强于非涉疆的地区。

4.7.2.2 尤为突出的是，由于新疆国土面积达163.1585万平方千米，混合了少数民族、行政市和兵团市及团场等多种文化和行政管理级别，进一步决定了涉疆商贸流通供应链特性对参与企业的塑造影响。

4.7.2.2.1　传统线下市场和各类型专业市场反而是疆内商贸流通交易成本和交易效率整体均衡的交易模式，居疆内交易规模之首。

4.7.2.2.2　以线下市场交易为主的疆内流通供应链供需关系（一级采购和一级分销），将造成供应链上任一交易方的运营管理成本。

4.7.2.2.3　匹配一级疆外采购需求的输出型供应商，交付延迟特性使供应商优先选择总分销商为交易对象；匹配一级疆内分销需求的输入型交易商，交付延迟特性使交易商优先采取疆内厂商为直供交易对象。这两种交易倾向决定了后续流通供应链参与交易企业均须满足量大包销的前置要求，否则将无法参与后续供应链交易。

4.7.2.2.4　一级分销以下的后续流通供应链参与企业，无一例外须采取多级分销代理模式作为自身销售任务的分销保障，这就形成了最为常见的商业分销实例。

4.7.2.3　上述涉疆商贸流通供应链的特性，在交通发达、距离便利、交易活跃的内地市场已鲜有存在，长三角、珠三角、京津冀、中部城市群等市场早已建成庞大而健全的分销网络。从这一层面看，"一带一路"正在为新疆商业经济的发育迎来商业信用创建的新浪潮，涉疆商贸流通供应链正是这波浪潮的主流。

4.7.3　商业信用可升级至被金融信用吸收、成为金融信用的一个关键模块，用于补充现有金融信用评级体系无法触及的商业经营风险管理环节。

4.7.3.1　商业信用必然为金融信用吸收，这是现代经济发展的唯一趋势。不必放眼全球，香港、上海都是中国近 150 年来最重要的基于频繁商贸流动而促成商业信用向金融信用演进的经济中心。新疆虽无法对标香港、上海，但通过与这两个国际经济体的商贸活动，涉疆商贸流通供应链能够逐渐与之同频共振、进而实现标准统一。

4.7.3.2 涉疆商贸流通供应链衍生出的商业信用，则将为参与新疆商贸活动的企业，尤其是自身金融信用不足的企业，提供便利的金融信用创建时间窗口。在此发挥作用的，正是现有金融信用评级体系扩充风险评估指标、监督交易真实性、穿透交易资金流动轨迹的流通供应链。

4.7.4 流通供应链核心企业的作用和形态，正在透过"信用创建"而更新。

4.7.4.1 一直以来，供应链核心企业都是供应链金融最有力的参与者，但随着供应链和大数据领域分别的模式创新，供应链核心企业已经面临发展的分岔口。

4.7.4.2 第三方物流、无车承运人、产业互联网垂直电商都是供应链核心企业最有竞争力的挑战者，分别拥有各自的关键词——透明物流、运力数据管理、大宗交易。

4.7.4.3 第三方物流和无车承运人不足以胜任流通供应链核心企业要求的交易优势，但流通供应链亦须以交付能力作为交易前提。因此，以交易功能为主、以交付能力为保障的企业才是最佳的流通供应链核心企业。

4.7.4.4 假如将信用理解为企业在交付延迟条件下的融资能力，则信用实质包含了流通供应链上下游企业间的完备商务合同、货物仓储物流组织管控、交易资金结算关系三个核心模块的核心数据，故而，流通供应链核心企业或许将不复存在，转而由流通供应链数据交易交互平台替代——这种认知更新的意义在于，参与流通供应链交易的企业均能由该数据交易交互平台实现自身的信用创建，金融机构可以直接为交易企业提供金融信用服务，交易企业不必再依附于某一核心企业的应收应付款项之下。

4.8　众包制流通供应链数据生产模式的效率优先原则

4.8.1　依本协议，流通领域环节必须经过数据治理工作才能具备实施供应链数据干线的条件，这就提出"谁来生产数据""谁来维护数据"的新问题。

4.8.2　本着效率优先原则，固有商贸流通企业不宜普遍增设数据岗位以增加人才成本和管理成本、牺牲现有工作效率，因此，引入数据服务体系，发展众包制流通供应链数据生产模式，才可能兼顾供应链效率和企业效率。

4.8.3　本协议设计之流通供应链数据结构化体系，旨在为数据服务机构提供一个应用场景框架，便于形成供应链数据商业服务共识，尤其是为培养流通供应链领域数据生产者人力资源储备提供一套范本、操作指南和实施工具。在此环节，面向流通供应链的数据生产职业教育势在必行（参见本书 9.6）。

5 国家发改委《关于推动物流高质量发展促进形成强大国内市场的意见》解析及流通供应链产业趋势预判

5.1 2019年至今产业趋势概述

2019年两会以来,物流与供应链逐渐成为国民经济政策风向中的高频词。物流业因其承担全社会物资运输职能而确保业务具有总量稳定、地理均衡的特征,这种战略先导性国民基础产业的定位,揭示了物流业的内生逆周期性,因而,以实施物流服务为核心的流通供应链得以借由"商流—信息流—资金流"三流合一层面的政策导向,而获得进一步降低流通供应链综合成本的可能。系列政策中涵盖了物流转运场站用地指标优先、公铁空水联运一体化、物流装备制造、邮政物流运能共享、城市配送体系网点共享、供应链金融创新支撑等领域,由此,专注于提升社会商品流通效率的独立供应链形态——流通供应链——正在快速集聚形成独立于制造供应链的新型通用资源。

这一演变趋势呼唤创建一种与之相适应的新型协作网络，新疆上海供应链数据干线由此诞生。

5.2 文号、签发部门与签发时间

5.2.1 文号：发改经贸〔2019〕352号。

5.2.2 部门：国家发展改革委、中央网信办、工业和信息化部、公安部、财政部、自然资源部、生态环境部、住房城乡建设部、交通运输部、农业农村部、商务部、应急部、人民银行、海关总署、市场监管总局、统计局、气象局、银保监会、证监会、能源局、铁路局、民航局、邮政局、铁路总公司。

5.2.3 时间：2019年2月26日。

5.3 涉及流通供应链产业发展的相关内容及趋势预判

5.3.1 物流业是基础性、战略性、先导性产业。

5.3.1.1 回顾2017年10月14日国务院办公厅发布的《关于积极推进供应链创新与应用的指导意见》（国办发〔2017〕84号）和2018年9月21日商务部发布的《关于全国供应链创新与应用试点城市和企业评审结果的公示》可知，352号文是对我国近年来"物流/供应链"产业与企业实践的一次集大成概括。352号文明确指出，"物流业是支撑国民经济发展的基础性、战略性、先导性产业。物流高质量发展是经济高质量发展的重要组成部分，也是推动经济高质量发展不可或缺的重要力量"。一直以来深受舆论关注、监管层关切的城市配送车辆管理、电商物流成本、物流数据隐私安全、物流骨干网络以及供应链金融等问题，都在 352 号文里出现了明确界定和分工负责部门定位。

5.3.1.2 将物流业提升到"国民经济发展的基础性、战略性、先导性产业"定调，首先重申了一切行业均享受到物流业基础设施提供便利的根本现实，其次点出物流业是承载商品和信息流通以提供服务的国民经济角色。同时强调物流业的经济现实和经济角色，在于传达一个清晰的物流业新定义，帮助物流企业实现以供应链创新作为服务输出能力的稳定发展、从而发挥先导性产业作用。

5.3.2 352 号文所指物流业，是包括物流枢纽城市建设、城乡配送体系、物流设施智能化改造、物流服务化及其配套土地供应和金融服务措施在内，以提高物流设施要素配置效率为内容的经济体系。

5.3.2.1 通过 352 号文的规划可以发现"物流成本"的复杂成因——目标市场空间距离、运输方式、物流频次、自有库存周转率、自建物流规划、物流温控要求、中转仓前置仓设置、进出库报表管理、运输防损措施、物流成本占总流通成本比例、物流配送用地指标、物流配送用地开发融资、供应链金融等，实质上构成了物流公司运营成本，即传导到具体业务中的物流成本。

5.3.2.2 352 号文体现的是产业资本脱虚向实、服务全国各地区均衡发展的顶层设计框架——2018~2019 年中国金融业进一步脱虚向实、支持中小微企业的系列措施逐渐配套到位，短短数月中农业和银行业两大经济系统十指联弹，物流业作为价值传导根本纽带，纠正对物流业的歧见，引导银行资金乃至产业资本有序进入物流业各板块和链条环节：

5.3.2.2.1 2019 年 1 月 23 日央行采取 TMLF 定向降息。

5.3.2.2.2 1 月 24 日央行公开支持银行改行永续债补充资本。

5.3.2.2.3 2 月 11 日央行银保监会证监会财政部农业农村部联合发布《关于金融服务乡村振兴的指导意见》。

5.3.2.2.4 2 月 13 日在港发行 200 亿元央行票据。

5.3.2.2.5 2 月 19 日《中共中央 国务院关于坚持农业农村优先发展做好"三农"工作的若干意见》发布。

5.3.2.2.6 2 月 20 日央行进行首单 CBS 操作。

5.3.2.2.7 2 月 27 日央行主持召开《商业银行担保物基本信息描述规范》金融行业标准发布会。

5.3.2.3 为了帮助包括银行在内的金融机构"读懂"企业物流成本和物流业、为金融系统梳理出资本进出通道和价值产生机制，352 号文进一步用七项 25 条措施将物流业与各国民经济行业一一对应起来，深入之处甚至已由宏观层面进入企业微观经营层面。

5.3.3 352 号文揭示了物流业的逆周期特点。

5.3.3.1 国民经济存在周期性波动现象，无论是此前作为龙头的农业或"支柱性产业"房地产业，周期性是现代经济无法突破的现实。然而，无论经济景气程度如何波动，农产品、工业原材料、生产设备、商品等物资都需要通过物流输送到各行各业以及不同的企业和居民手中。物流，是现实世界最基础、却又不可能出现衰退的经济部门。这种现实的出现或多或少受益于近十年电商的飞速发展。

5.3.3.2 电商交易与交付分离、延迟交付，分别倒逼出第三方支付和电商物流两个行业，而电商平台竞争则进一步加速了电商物流与传统物流在响应时效、标准化、覆盖城市、仓配体系、仓储标准、TMS、移动支付方面的全方位融合。即使在电商竞争日益白热化、电商平均利润大幅缩水的时代，物流成本依然是刚性支出。尽管一二三线城市城配业已进入竞争激烈，但在更多年轻的新兴城镇，物流配送体系尚无法达到全覆盖。就我国总体城市居民数量和城市面积来看，物流业仍同时具有稳定的刚性存量和差异化提升的增量。

5.3.3.3 理智地捕捉物流业独立行情，需要同时运用产业和企业视角——产业视角能够提供一个相对稳定的物流市场范围和平均利润，而企业视角则决定了物流企业能够在这一相对稳定市场范围内的议价能力。相应地，议价能力强的物流企业对议价能力弱的企业的淘汰，将有助于进一步扩大企业所处的市场范围向产业深度和用户广度扩张（在绝大部分情况下产业深度即等同于用户广度），物流业便在这一过程中获得逆周期的动态均衡存量。

5.3.4 352号文阐发了物流与供应链之间的关联——物流是供应链关系的交付形态，供应链是物流价值的输出方式。

5.3.4.1 物流是现实世界最基础，却又不可能出现衰退的经济部门，通过物流交付货物这一服务形式构成了"交付方—物流商—收货方"的固定商务关系，这种固定商务关系如同化学键一般构成了普遍的国民经济。这种原本属于学术层面的认

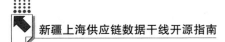

知，正在随着 352 号文呈现出日益显著的物流业信息产业属性——第三项《提升高质量物流服务实体经济能力》第 5 条、第 7 条和第四项《增强物流高质量发展的内生动力》第 12 条均明确阐述了物流与供应链之间互为表里、一致服务实体经济的关系。其中，第 12 条更概括了物流企业发展供应链的 5 种定位：

5.3.4.1.1 基于核心企业、整合上下游生产经营的"链主型"供应链。

5.3.4.1.2 基于现代信息技术、提高资源配置效率的"平台型"供应链。

5.3.4.1.3 依托专业化分工、实现比较优势合作的"互补型"供应链。

5.3.4.1.4 基于区域内分工协作、提升空间产业集群水平的"区块型"供应链。

5.3.4.1.5 基于存货控制、盘活生产经营存量的"共享型"供应链。

5.3.4.2 对物流和供应链加以区分的意义在于两者对于商业流通资源和市场信息的掌握与处理要求不同。这也是物流企业最终须向供应链领域创新发展的意义所在，5 种供应链类型定位对物流企业的对标挑战意义大于实践意义。简言之，352 号文是想要确立一个全新的"物流+"精益服务型物流业，对物流资源和物流企业的改造提升、新建优化、整合创新将从物流业内部扩散到国民经济各行各业。正如第一项《深刻认识物流高质量发展的重要意义》所指出的："物流业发展的贡献不仅在于行业企业本身创造的税收、就业等，更在于支撑和促进区域内各相关产业产生更多的税收和就业，有力推动区域经济较快增长。"

5.3.5 352号文的核心目标是在全国市场实现"跨区域大规模物流组织",其表现形式将主要是指西部向东部输出物流市场、东部向西部输出消费市场。

5.3.5.1 352号文第二项《构建高质量物流基础设施网络体系》第1条明确提出,居于全国物流基础设施网络体系核心的国家物流枢纽城市,其分布规划应首先满足我国五大国家战略实施需要——"一带一路"建设、京津冀协同发展、长江经济带发展、粤港澳大湾区建设、长三角一体化发展。如果摊开全国地图,会看到这五大战略实施区域在空间上极像一个由西向东的箭头,且因为"一带一路"建设的原因,这个箭头还发展成一个顺时针旋转的指针,划过覆盖整个国家乃至东中亚绝大部分版图的范围。

5.3.5.2 用地图来看,可以看出五大国家战略对经济地理思维的立体诠释——352号文中提出的"全国物流基础设施网络体系"与箭头区域覆盖重叠,是我国市场交易价值从低向高逐渐过渡的状态,东部沿海市场对西部市场的拉动效应将是一个伴随时间展开的价值调匀的相对过程,所谓"相对过程"的含义并不只是西部向东部输出低附加值产品、东部向西部输出消费升级,而是西部向东部输出物流市场、东部向西部输出消费市场的关系。这种关系的存在,起始于物流市场的逆周期性,即无论经济景气程度如何,当一国市场发育程度达到一定水平,物流市场会因巨大的交易存量保持一个稳定市场规模,如果处于经济回调周期则物流市场保持当前存量并适当扩张,一旦经济景气程度提升则物流市场稳健上扬。

5.3.5.3 352号文有隐藏逻辑,即利用全国社会零售消费市场整合的外部力量，加速促成超大规模全国一体物流市场，以此突破物流对全国经济地理分布不均的制约作用。甘肃、青海、新疆的工业化水平相对落后、服务业发展存在着经济要素的结构性缺失，从而对农产品产值实现存在着天然要求。然而，由于远离国内主要都市市场（京津冀、长三角、珠三角），农产品往往仅能作为初级产品。地方主政部门往往将其归因为品牌化程度不足，却难以理解"产品"和"商品"一字之差背后的流通供应链逻辑，难以理解流通成本对构建商品流通供应链的影响。将观察视角从农产品流通放大到宏观三农领域，就会很清晰地看到东中西部跨区域商贸活动中的交易品种与交易规模、交易价值及物流成本四者之间无法达到均衡，这是造成东中西部经济结构和发展质量存在较大差异的根本原因。

　　5.3.5.4　352 号文此番高度强调构建高质量物流基础设施网络体系、由国家发展改革委主导全国物流基础设施网络体系建设的规划，在"西部向东部输出物流市场、东部向西部输出消费市场"逻辑中，西部物流配送市场的规模以及其提供服务的农产品流通供应链，极有可能重塑广大西部区域经济增长的逻辑。虽然 352 号文没有明确针对西部提出相应举措，但是从我国"三区三州"产业扶贫和脱贫攻坚工作安排来看，352 号文充分强调和规划的"跨区域物流活动组织化、规模化、网络化运行"，特别是以铁路和邮政作为城乡配送一体化实施骨干，都将极大限度地覆盖"三区三州"中新疆、青海、西藏、甘肃、四川和云南大部分地区的物流配送基础设施投入。由此，西部物流配送市场不仅具备现实的投资价值，还具有前瞻性的经营价值，而这恰恰是东部向西部输出消费市场的意义。

5.3.6　352号文提供了实施"跨区域大规模物流组织"的重要工具，即供应链资产创造与供应链金融的深度一体化。

5.3.6.1　对352号文中涉及商贸流通供应链的三个关键词进行词频统计的结果显示出，供应链资产创造的过程是物流基础设施资产评估体系建立、物流服务化、供应链一体化和供应链智慧化融合的过程，是"物流+供应链"共生市场兴起的过程。

5.3.6.1.1　供应链：出现26次，涉及6条规划，17个实施部门。

5.3.6.1.2　分销：出现1次，涉及1条规划，3个实施部门。

5.3.6.1.3　零售：出现1次，涉及1条规划，3个实施部门。

5.3.6.2　从这个统计中可以看到，商贸流通所属的供应链领域仅是一个相对小范围，制造供应链在供应链应用规模中占比显著大于流通业，但物流服务化、供应链一体化和供应链智慧化这三种基于数据能力提升的应用，贯穿了整个物流和供应链活动过程始终。由此可以确定性地认为，352号文中每一份物流基础设施资产之中，都同时包含了与之相匹配的供应链资产。

5.3.6.3　进一步地，供应链资产创造，将极大地支撑物流基础设施资产的形成，这更加符合"跨区域大规模物流组织"的意义——西部向东部输出物流市场，东部向西部输出消费市场。

5.3.6.4　从产业分析推理回到现实需求中，本书作者所经历的新疆流通供应链受制于物流成本的现实，在上述逻辑中存在着一种破解方法——只要同时投资或持有东中西部跨区域物流基础设施资产，不仅能最大限度覆盖双向的物流存量规模、收获稳定运输收入，还可以在结构性物流成本失衡的中西部，通过物流基础设施资产溢价收入冲抵相应物流成本损失（受商

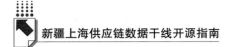

贸交易品种影响），从而达到均衡收益的效果。事实上，近期资本市场上"菜鸟中联—中信证券—中国智能骨干网仓储资产支持专项计划"3月20日获超额认购的事实已经彻底诠释了这个方法的可行性。

5.3.6.5 菜鸟中联—中信证券—中国智能骨干网仓储资产支持专项计划以菜鸟网络自己持有的部分智慧物流仓库为底层物业资产，2019年1月11日获上海证券交易所审议批准规模50亿元，首期发行规模10.7亿元，其中优先级资产支持证券发行规模6.7亿元。此次入池底层物业为位于重庆两江新区的中国智能骨干网重庆两江保税仓库及非保税仓库共3处物业，定位于个性化服务集团内部及外部客户。仓储物业紧邻绕城高速，距离重庆江北机场货运区5千米左右，陆水空交通便利，是菜鸟西南地区核心物流枢纽之一。该计划无须主体担保，中诚信证评给予AAA（sf）评级，标志着菜鸟的智慧物流项目获得最高信用评级。3月20日在上交所成功发行，吸引了众多商业银行、证券公司、基金等主流关注与积极参与，引发了超额认购。

5.3.6.6 获批不足3月即上市被超额认购，其无穷魅力毫无疑问来自天猫淘宝的超大消费市场规模和阿里系在流通供应链方面的市场头部地位。阿里系供应链资产呈现出的强大吸引力，实际反映了"电商—流通供应链—物流共振的强关联矩阵"，即虚拟经济与实体经济融合共生的结晶。那些承担分销和零售功能，那些使物流规划更高效、物流成本更低廉的供应链资产，在支撑物流基础设施通过相应金融产品成为资产的同时，也实现了自身在资本市场和经营活动中的双重价值。虽然市场趋势已经显现，但主动意识到这种变化的机构可能还没有做好充分的准备。

5.3.6.7 352号文的出现必然将改变金融机构乃至全社会对供应链和供应链资产的认知。关注供应链，提升物流业服务能力、使物流变为服务，促进供应链一体化，尤其是实现供应链智慧化，势必激发出跨区域大规模物流组织中供应链资产创造的长足动力。

5.3.6.8 为了帮助包括银行在内的金融机构"读懂"企业物流成本和物流业、为金融系统梳理出资本进出通道和价值产生机制，352号文用七项25条措施将物流业与各国民经济行业一一对应起来，深入之处甚至已由宏观层面进入企业微观经营层面，其中第25条更是明确提出四大金融创新方向对物流业进行投融资支持：

5.3.6.8.1 设立国家物流枢纽中央预算内投资专项。

5.3.6.8.2 鼓励发起物流产业发展投资基金。

5.3.6.8.3 支持发行各类物流债务融资工具。

5.3.6.8.4 鼓励持牌金融机构开发相应的供应链金融产品。

5.3.6.9 上述金融创新方向与352号文第1~24条措施形成了交叉全覆盖，并明确由发展改革委、财政部、人民银行、银保监会和证监会共同负责落实，格局之广、立意之深，充分响应了习近平总书记"金融活，经济活；金融稳，经济稳"和"经济兴，金融兴；经济强，金融强"的讲话思想。

丝路 e 宝经济学：新疆上海
供应链数据干线原型应用

丝路 e 宝项目实践经验为"新疆上海供应链数据干线"项目成型提供了长达两年的翔实调研、原型设计、商业运作、技术开发、供应链生态构建、服务体系培育等一系列实施基础。本书两位作者通过对关天数据运营丝路 e 宝项目遭遇到的问题、阻力和成果，不断调整优化，逐渐完善形成一套由"支付场景—信用匹配—产业智能"三个层面数据服务构成的，涵盖聚合支付、存量流通供应链资源更新、供应链成本结构优化、供应链大数据增信、基于供应链指数产品延伸综合供应链金融服务五大流程的流通供应链运行机制。该机制不仅为新疆葡萄酒流通供应链产业运营贡献了操作体系，更从产业需求上支撑了新疆上海供应链数据干线的发展未来。

6 新疆库尔勒经济技术开发区的"云上开发区"新经济探索

6.1 库尔勒经济技术开发区的云上开发区

2016 年，时任新疆巴音郭楞蒙古自治州库尔勒经济技术开发区管委会主任、开创出新疆"达西电商模式"的原尉犁县委书记马文郁提出打造"丝路之眼活力新区"的目标，着力打造"云上开发区"，并且将发展大数据路径确定为开发区推进转型升级、创新驱动发展的战略选择。正是在这一供给侧改革大背景下，本书两位作者得以在这座天山南麓、塔克拉玛干沙漠北部的绿洲城市，通过开发区综合电商平台丝路 e 宝在上海和新疆这两个中国最远距离的市场之间，同步实施了一轮长达两年的流通供应链创新实践。

6.2　丝路 e 宝与云上开发区

基于云上开发区总体规划，丝路 e 宝的初始设计理念是面向开发区企业和居民的综合电商服务平台，须兼具 B2B 和 B2C 甚至 C2C 的服务能力，并发挥政府产业转型导向的集聚作用。面对这一构想，对该平台进行发展方向、业务定位和区域发展战略融合等要素的合理评估就显得极为必要。

6.3　丝路 e 宝与云上丝绸之路大数据产研院

调研此情况前，李东衡（2016）已通过关天数据参与到由著名大数据学者、美国得克萨斯理工终身教授林漳希教授主持的云上开发区总体规划工作中。林漳希教授率领团队与开发区管委会共商成立云上丝绸之路大数据产业研究院并担任院长作为云上开发区战略实施的配套措施，李东衡作为产研院供应链大数据应用中心主任对开发区规上企业先后进行了多轮走访和沙龙调研，充分掌控开发区企业诉求、开发区优势资源和地方经济结构等现实情况。作为丝路 e 宝创新实践的序曲，这些调研成果既提供了宝贵的参考，更为平台运营定位提出了巨大的挑战。

6.4　丝路 e 宝发展诉求与任务分解

以开发区管委会云上开发区建管会和经发局领导明确提出的"服务开发区市民和企业"诉求为"中心"，李东衡将其分解为一系列更具针对性的小任务，诸如：

6.4.1　开发区企业所处的行业划分属性，能否适用同一种电商模式？

6.4.2　不同企业之间是否存在着共同的电商需求？

6.4.3　不同企业之间能否建立相互依存的供应链服务关系并使之经营电商化"常态化"？

6.4.4　B2B、B2C、O2O 甚至 C2C 电商赖以成立的基础，在开发区企业中的条件基础如何？

6.4.5　企业级电商与消费级电商能否在一个体系中并存？

6.4.6　开发区已有的消费级电商基础设施（外卖平台和移动支付平台）能否在同一种商业运营模式中并存？

6.5　挖掘丝路 e 宝实施抓手

比上述诉求分解更为重要的是，理智地判断在库尔勒地处新疆、远离全国市场、人口密度低、消费总量规模有限等现实条件下，最适宜结合移动互联网和云计算大数据技术特性的本地优势有哪些，对于运营工作成败与否至关重要。判断结果不仅决定着丝路 e 宝平台走向的市场规模和竞争态势，更是对新疆本地优势能否接续东中部电商供应链网络的一次考验。

7　诉求的融合之难

7.1　库尔勒经济技术开发区企业调研第一轮

对开发区本地本物、洪通燃气、金丰利冷库、乌苏啤酒、同丰油脂、世光仓储、拓普农业、石大科技、巴州金蝶信息、尚邻果蔬、红星美凯龙、日日鲜连锁超市、万方二手车、海宝国际农贸城、田园速递等企业进行了走访调研及座谈后，李东衡（2016）意识到"电子商务普遍服务开发区企业"很有可能是一个伪命题：

7.1.1　工业企业、流通企业、零售企业和服务型企业之间的产品线迥然不同，不存在统一的销售型商业形式。

7.1.2　工业企业、流通企业、零售企业和服务型企业之间或许存在部分消费者交集，但彼此 B 端业务和 C 端业务之间缺乏价值纽带将其衔接在一起。

7.1.3　上述企业内部相互处于同一条产业链上下游的情况是开发区招商的特点，但是企业与企业之间的业务紧密程度尚不足以形成相互依存的供应链关系，故而难以形成集聚效应。例如：

7.1.3.1 同丰油脂、世光仓储、石大科技和本地本物 4 家企业均同时存在于棉纺制品产业，其中，石大科技主营业务之一是棉花种业和植保，世光仓储的周期性客户包括了棉胎采收和加工企业，本地本物拥有"一见喜"品牌棉被系列产品，而同丰油脂则对棉籽进行精炼加工，制成棉短绒、榨棉籽油并产出棉粕作为本地农业有机底肥，但 4 家企业彼此间几乎没有供应链层面业务合作。

7.1.3.2 海宝国际农贸城、金丰利冷库、拓普农业、尚邻果蔬、世光仓储、日日鲜连锁超市、本地本物 7 家企业均属于商贸流通行业，并在生鲜果蔬仓储流通批零销售上存在显著业务重叠，但是各家企业均采取直接向果农采购、独立销售的业务管理，彼此之间亦不存在供应链业务往来。

7.1.3.3 本地本物、洪通燃气、乌苏啤酒、尚邻果蔬、红星美凯龙、日日鲜连锁超市、万方二手车、海宝国际农贸城、田园速递等企业均存在面向零售消费者的产品和销售体系，但彼此之间不仅客户规模差异大，更重要的是各企业均将有限的客户资源视为珍品、不进行共享。

7.1.3.4 金丰利冷库、拓普农业和世光仓储 3 家同为仓储企业，在新疆生鲜林果类（尤其是库尔勒香梨）品种冷藏市场上存在着同质化竞争。貌似并未形成严峻的竞争局面，这主要是因为 3 家仓储企业经营的生鲜林果均为主要来自疆外全国市场的大宗需求，但是季节性空置与储能不足的情况也伴随着生鲜林果成熟周期同时存在。

7.1.4　上述调研结果显示，只有在采取基础设施式的通用供应链服务时才有可能努力融合不同类型企业之间的服务场景和业务差异，而以销售为导向的在线零售模式显然不可能实现"电子商务普遍服务开发区企业"的设想。此处所指的"电子商务"内涵是 B2B 服务。

7.2　库尔勒经济技术开发区企业调研第二轮

针对于企业可能存在的"基础设施式的通用供应链服务"方面的具体需求，李东衡（2016）通过开发区经发局和产研院面向开发区企业进行了一轮小范围的问卷调研，主要结果如下。

7.2.1　合作意愿。在明确企业间合作意愿方面，问卷提出了"贵公司目前是否亟须拓宽产品销售渠道"，受访企业均确认其产品和服务存在拓宽市场渠道的需要，对于企业而言销售能力永远摆在首位（见图 7-1）。

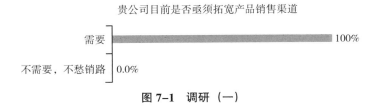

图 7-1　调研（一）

7.2.2　诉求范围。在了解企业拓展销售时最担心的问题时，"现金流周转压力大""拓展市场的成本高"和"市场风险"是企业首要担心的问题（见图 7-2）。正是在这一项上的调研结果，成为日后丝路 e 宝平台着力通过流通供应链体系发展商业信用、降低流通成本的主要原因。

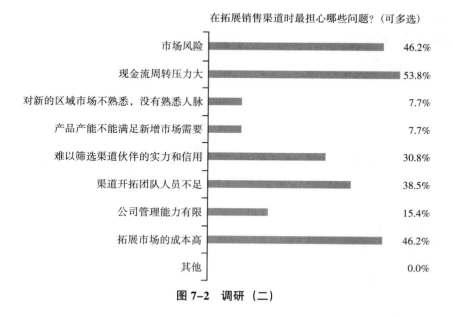

在拓展销售渠道时最担心哪些问题？（可多选）

市场风险 46.2%
现金流周转压力大 53.8%
对新的区域市场不熟悉，没有熟悉人脉 7.7%
产品产能不能满足新增市场需要 7.7%
难以筛选渠道伙伴的实力和信用 30.8%
渠道开拓团队人员不足 38.5%
公司管理能力有限 15.4%
拓展市场的成本高 46.2%
其他 0.0%

图 7-2 调研（二）

7.2.3 诉求——销售渠道。在了解企业是否愿意由丝路 e 宝平台助其拓展销售渠道时，企业均持实用主义态度，即使是认为"只有免费才会使用"的企业，也不排斥此类平台对销售拓展产生助力（见图 7-3）。事实上，"平台使用意愿"的重要性胜于"平台使用成本"，这主要由平台提供服务的模式、服务成

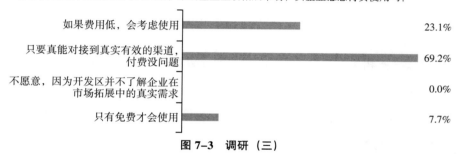

如果由云上开发区建立专门网站，帮助企业主动拓展市场，贵企业愿意付费使用吗？

如果费用低，会考虑使用 23.1%
只要真能对接到真实有效的渠道，付费没问题 69.2%
不愿意，因为开发区并不了解企业在市场拓展中的真实需求 0.0%
只有免费才会使用 7.7%

图 7-3 调研（三）

本、服务成本收取方式、服务收益等因素决定，而不能单纯理解为一项服务是否具备市场需求。

7.2.4 诉求—融资难点 1。由于此前调研时已经频繁涉及企业融资难的问题，因此，在问题调研中明确对企业拟融资的用途进行了统计和比较。该项调研结果再一次显示出"建设营销系统和市场渠道"的高度重要性，84.6% 的受访企业均迫切需要加大拓展销售的投入，53.8% 的受访企业则需要进行融资以加快产品生产研发（见图 7-4），考虑到产品生产研发投入对销售和资金周转造成的压力，现实中企业融资用于"建设营销系统和市场渠道"的真实需求几乎可达到 100%。

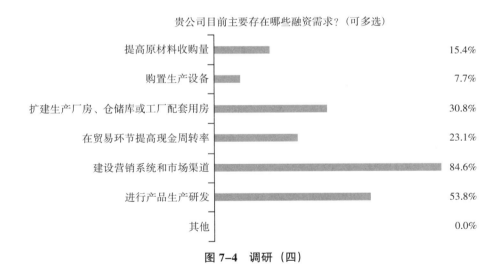

图 7-4 调研（四）

7.2.5 诉求—融资难点 2。为了进一步厘清企业在融资难中遇到的具体情况、评估蚂蚁金服在帮助企业建立数据信用方面案例经验被移植的可行性，受访企业提供了 7 种常见的融资难原因（见图 7-5）。以企业自身所具备的条件为限，7 种原因又可被归纳为内部和外部两类，其中，4 种外部因素包括"银行对企业所处行业融资松紧度""银行贷款手续完成难易程度""银行授信额度使用周期与实际资金使用周期错配"以及"仓单融资渠道局限"，3 种内部因素包括"企业抵押物不足值""融资利息高"以及"企业信用不足"。内部因素可以通过调整企业经营策略、业务线、健全管理制度等方法实现，而外部因素更多地体现出银行对于企业风险的评估思维涵盖了银行监管动向、货币政策、行业风险和企业经营信息透明度等一系列问题。如果不能从中观层面均衡地消除上述内外因素，企业融资难问题则难有根本的解决方案。相应地，如果希望运用大数据工具解决企业融资难问题，亦需同时从银行和企业两个维度分别着手。

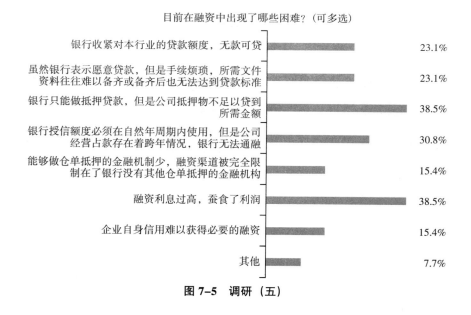

图 7-5　调研（五）

7.2.5.1　在企业内部，需对经营管理采取必要的数据治理，使面向融资需求的经营决策及活动变得可以"被看见"，尤其在涉及供应链上下游资金支付结算方面，务必做到"经营行为—资金流"一致，合理控制企业在成本管理和经营风险防范方面的平衡。

7.2.5.2　在银行维度，需加强对行业运行风险的判断和对企业治理能力（包括业务流程及管理办法和经营决策）的判断，尤其是加强对贷款资金用途的监管，适度降低企业由于经营失误和偏差引发企业融资灭失的风险概率，从而提高贷款资金坏账风险管理能力。

7.2.5.3　银行和企业内外两个维度对企业经营数据的需求在于数据集成和结构化治理，综合开发区企业的行业分布和构成情况，以及结合前述企业易于接受的助力销售拓展的服务入口。李东衡认为，将丝路e宝定位于实施商贸流通环节供应链数据管理，有助于实现"电子商务服务开发区企业"的设想。

7.2.6　除此之外，上述问卷调研共涉及开发区企业融资方式、对开发区引导性融资意愿、物流和仓储需求、物流目的地、物流成本、自建仓储情况、仓储成本占比、在销产品种类、企业所使用的管理（OA/进销存/ERP）软件及软件移动化操作能力等23个问题。如需要了解其他内容可访问网址：https：//jinshu-ju.net/f/jc8Es0/r/xFfT09。

8　关于"让云下雨"的挑战

8.1　锁定"让云下雨"的动能

8.1.1　正如此前鉴于对开发区企业调研结果的分析，对实施"基础设施式通用供应链服务"运营和技术开发周期与成本的评估，以及同开发区管委会相关领导、云上开发区建管会领导的深入沟通，李东衡和关天数据（2017）最终选择了将丝路 e 宝首轮服务整合企业聚集到从事商贸流通零售业务的日日鲜便利连锁、开发区红星美凯龙、海宝国际农产品物流商贸城和万方二手车市场。

8.1.2　选取 4 家注册地位于库尔勒经济技术开发区的零售流通企业基于以下原则：

8.1.2.1　企业均从事产成品销售，经营属性相似；

8.1.2.2　企业均直接或间接具有库存、销售、物流等主要环节；

8.1.2.3　除日日鲜为连锁便利店外，其余 3 家均为专业市场，4 家企业均存在多门店或多终端结算现实；

8.1.2.4　企业均包含固定的采购供应商或经销商；

8.1.2.5　企业均无客户沟通工具或 CRM 系统；

8.1.2.6　截至 2017 年上半年，4 家企业均在南疆有一定地域辐射性，彼此客户间存在一定重叠度：

8.1.2.6.1　日日鲜自营和加盟门店除库尔勒外，总共在阿克苏、库车等南疆市县拥有 90 余家门店，年销售额近 1 亿元、年均成交 1000 万单次，服务客户约 300 万人；

8.1.2.6.2　开发区红星美凯龙是南疆品牌最集中、市场管理现代化程序较高的家具卖场，最远客户可辐射至阿克苏，年交易额近 1 亿元；

8.1.2.6.3　海宝国际农产品物流商贸城是南疆最大的生鲜专业市场，由原库尔勒市区老海宝市场升级而来，具有辐射南疆的生鲜批零集群优势，疆外交易客户遍及西南、华北和华中等地区，年交易额近 13 亿元；

8.1.2.6.4　万方二手车市场是南疆最大的二手车交易和汽车后市场，辐射南疆四地州，年交易额约 12 亿元。

8.1.3　相似的消费支付流程和电商交易需要，使上述 4 家行业不同、经营模式不同的企业得以通过共通的支付场景接口实现本地化 C 端生活电商化用户聚合，参考支付宝和微信支付商家服务模式，李东衡和关天数据（2017）为其运营体系设计为三步：

8.1.3.1　第一步，通过提供本地化聚合支付服务平台，以日日鲜便利连锁超市位于南疆多地的 90 余家门店线下顾客为切入点，在形成 10 万级初始用户储备的同时，将门店顾客的消费行为数据纳入日日鲜门店经营状况评估模型中，同时建立消费者用户行为信用模型和线下门店经营状况评估模型。

8.1.3.2　第二步，将本地化聚合支付平台与前一步骤形成的两个模型移植到开发区红星美凯龙、海宝国际和万方二手车入驻商户中，增加专业市场作为信用分配核心企业，将入驻商家顾客的消费行为数据纳入入驻商户日常经营情况评估中，形成"专业市场/连锁平台—商家—消费用户"三段关联、循环嵌套、相互依存的B（企业）/C（个人消费者）综合数据信用体系。

8.1.3.3　第三步，基于B/C综合数据信用体系，分别导入巴州和开发区商业银行的企业经营性贷款和个人消费信贷服务，为商业银行输送信用匹配的客户，商业银行向丝路e宝平台支付服务佣金。

8.1.4　将多层级金融服务通过数据科技赋能信用，运用数据集成的方法将供应链上下游对象同商贸流通企业的交易行为数据注入企业中，由于这个逻辑反映出处于整个运营体系底层的聚合支付数据汇总所形成的总体数据和信用模型如同地表水在大气中循环的过程，因而在李东衡和关天数据（2017）的表述体系中如同"让云下雨"，而丝路e宝正是实现"让云下雨"的工具，即需要满足数据穿透集成要求的聚合支付平台。

8.2　对自建本地化聚合支付平台的思考

8.2.1　李东衡和关天数据（2017）认为，丝路e宝的特殊运营需求决定了国内任何现有支付平台均不具备"拿来即用"

的条件，必须进行定制化模块开发方可启动运营。然而新疆远离内地市场、人口密度低，各支付机构受服务半径限制，由其提供远程配套运维服务成本高，这要求关天数据必须牢牢在本地化运营范围内承担起该聚合支付平台的技术选型、服务架构设计、业务流程设计、云计算方案设计等一系列产品设计工作。

8.2.2　新疆金融科技领域行业基础欠缺，尤其是涉及金融科技应用场景开发的云计算、大数据从业人员奇缺，各支付平台均难以在新疆迅速建立成体系的产品维护和拓展运营团队承担运维和拓展责任，这进一步要求关天数据须在产品设计工作之外同时承担运维和拓展工作，并着手搭建一支具备项目运营能力的本地团队，挑战巨大。

8.2.3　受限于人口密度、经济结构和商贸活跃程度，本地化移动支付市场规模存在着显而易见的增长上限，需要通过持续提供面向银行的数据增值服务才有可能形成服务增长点，这决定了丝路e宝的增长性挑战必将属于一条由自建本地化聚合支付平台向国内头部支付平台稳健融合的赛道。

8.2.4　本地化金融科技服务所产生的数据主权及其留存，可以作为丝路e宝向国内头部支付平台稳健融合的重要资产。相对于服务背后的可复制性，精准有效的金融科技服务数据有赖于经历时间周期沉淀、业务流程数据，更是需要通过持续投入的运营工作不断优化，李东衡和关天数据（2017）着眼于丝路e宝长期运营回报结构，最终选择了以"弱支付"为交付形态的本地化聚合支付平台开发定位，力求使库尔勒经济技术开发区通过丝路e宝聚合支付平台运营实施收获一项兼具稳定回报和成长力的优质资产。

8.3 弱支付：基于移动支付场景的聚合网络

8.3.1 "弱支付"数据中台架构。

8.3.1.1 弱支付：适逢国家对第三方支付进入强监管周期，李东衡和关天数据（2017）已清晰地意识到聚合支付经营的潜在风险，同时考虑到移动支付的真实市场难点在于用户对支付工具的使用习惯和场景障碍，故而提出"弱支付"理念，通过为商家提供收款账户数据流管理服务，与银行结算形成尝试绑定的支付场景，在银行承担实际资金结算任务的同时构建并行支付数据流，在不增加消费者学习成本的情况下将聚合支付平台内建于商家收银和银行结算两个流程之间，以此确保该平台能够在未来同银联、网联、支付宝等平台实现数据兼容互通。

8.3.1.2 结算数据流逻辑管理云计算中台：对新疆移动支付发展前景的预判，直接关系到丝路e宝聚合支付平台的发展策略和周期任务。随着日后涉疆商贸和旅游活动逐渐变得频繁，支付业务向少数几个平台集中将成必然趋势。因而，丝路e宝聚合支付平台必须具备向支付行业头部企业主动靠拢的技术基础，以账户结算体系、支付路由和支付数据管理为框架的云计算中台搭建，成为自该系统开发即贯彻始终、最为核心的产品思路，确保在用户支付入口变更时，能够迅速完成后端支付结算系统切换部署。

8.3.1.3 微信低成本运营基础：基于新疆较为普遍的微信用户基础，对电信翼支付和微信支付的操作便利度以用户使用习惯进行了充分评估之后，确定丝路 e 宝聚合支付平台第一期搭建以微信扫一扫为支付入口、以微信公众号为用户账户管理入口的核心功能，扩展出微信号绑定、支付记账、交易查询、银行卡绑定、数据信用、积分卡、电商等一系列功能，由于该模块通过微信公众平台内建于微信 App 中，支持任何微信用户只需一次在线支付即可获得丝路 e 宝账户，为保证用户留存创造了低廉的运营基础。

8.3.1.4　SDK 集成轻量开发：银行收单结算支撑、结算数据流逻辑管理云计算保障、微信作为入口、为用户界面迁移预留技术接口……定位和技术选型思路决定了该系统必须充分调用多种云服务作为开发工具以降低系统封闭性，关天数据在丝路 e 宝聚合支付平台搭建工作中执行了 SDK 集成轻量开发模式，确保操作界面开放、架构半开放和数据封闭的兼顾。

8.3.2　账户模块。

为使该系统能够具备迭代优化能力，居于系统主干的支付模块充分参考吸收了当时多家主流移动电商和支付平台的账户体系经验，同时调用多个云服务部署架设了 "2-3-2" 模式的账户体系。

8.3.2.1　2 类账户：平台系统由 2 类账户组成，消费者账户和商家账户。

8.3.2.2　3 段结算关联：平台系统采取 3 段结算账户关联，丝路 e 宝账户—四家企业结算账户—四家企业多门店终端结算账户，3 段结算账户始终进行任意单笔交易数据穿透同步，既便于商家简便地完成消费者支付，又便于丝路 e 宝在不打扰消费者的情况下完成消费行为数据统计。

8.3.2.3 结算方式：平台系统中 2 类 3 级结算账户均同时设置现金账户和积分账户，分别记录实际资金支付情况和积分促销参与情况。

8.3.3 结算模块。该模块作为丝路 e 宝聚合支付平台与合作银行之间的结算数据同步模块，承担"2-3-2"账户体系之间的支付结算关系记录功能和银行进行账户结算指令管理功能。通过该模块与实际银行资金结算账户分离，客观上为商家账户导入了银行提供综合金融服务（存款、贷款和其他商业结算业务）的入口，并且建立了以"账期"为维度的商家结算关系，成为此后新疆上海供应链数据干线最重要的发展基础。

8.3.3.1 结算关联穿透：李东衡和关天数据（2017）对丝路 e 宝聚合支付平台内建多级账户间进行"结算关联穿透"，使同一笔交易数据能够反映出"交易行为唯一/交易资金变动方向/交易关联方"三个维度信息，极大地拓展了交易数据单纯用于记账和结算的应用范围。

8.3.3.2 销售分析：该功能本意是为了帮助市场进行各商家销售统计、用于制定相应的增值服务收费弹性参数，通过对某商家在一定周期内不同 SKU 销售频次、数量和支付账户等多个数据的统计，形成对该商家 SKU 选品及其他经营能力的分析判断，从而可以进一步地针对该商家下一销售周期的营业额进行适当预测。

8.3.3.3 账期：李东衡和关天数据（2017）基于对商业银行存款、贷款和其他商业结算业务之间的资金使用周期差异整理，将丝路 e 宝聚合支付平台账期定义为商业银行各项业务的服务场景——果断剥离支付结算资金池、通过银行结算账户实施商家存款和经营性贷款，不仅能确保商家资金结算日常需要，更能帮助商家从小额、短期的资金往来中累积起商业信用、由小到大地合理运用金融杠杆。对结算账期的资金来源和资金配对开发，成为丝路 e 宝此后向供应链金融功能演化的重要技术铺垫。

8.3.3.4 经营现金流评估：基于结算关联穿透、销售分析和账期 3 项主要功能下数据的交叉比对分析，丝路 e 宝聚合支付平台形成对商家经营现金流的评估矩阵，直接用于量化商家经营风险。该功能与上述 3 项功能共同形成丝路 e 宝聚合支付平台向银行各项商业结算业务提供服务场景的核心竞争力。

8.3.4 积分商城模块。该模块作为丝路 e 宝聚合支付平台进行用户关系维护、实施平台推广、衔接由移动支付向电商消费转换之间的重要运营体系，承担全系统内积分发放规则、发放积分统计、积分商城 SKU 管理、积分商城供应链管理、积分清销和积分兑换等功能。

8.3.4.1 积分兑换结算：由于积分商城模块主要承担促销和平台运营功能，平台在提供诸如免费赠餐、线下商品优惠结算时需要及时向商家进行结算，李东衡和关天数据（2017）出于内部规范化管理需要，内建了面向丝路 e 宝平台、运营商和供应商的积分兑换结算功能，使丝路 e 宝聚合支付平台用户在线下进行积分兑换消费或是通过线上采购其他商品时，平台能够及时将应结算资金换算为等值人民币结算账目，在简化管理难度的同时保证平台的促销效率。

8.3.4.2 最小销售单位组合（mSKUG）供应链管理：为了进一步降低积分商城运营成本及难度，积分商城模块不得不做减法、严格控制积分可兑换的 SKU 种类。在此方面，本地化促销效用原则得到极大重视，即不向本地市民提供本地常见、容易消费、低价值的 SKU，而是提供无法在本地购买、具有疆外文化符号、达到一定销售价格的 SKU 组合，即最小销售单位组合（mSKUG）。与此同时，李东衡和关天数据（2017）分别应对线上线下两种积分兑换场景、不同类型 mSKUG 供应商的结算差异设计了配套使用合同和小型化 ERP 管理工具，尽可能兼顾保障用户积分兑换体验和完善自建供应链管理工具的双重目标。

8.3.4.3　积分获得人格化与使用信用化：为了使积分更有效地激活用户在跨业态的商家消费，必须充分打磨用户在获得积分时的消费数据粒度，使之尽可能体现用户的消费行为偏好、消费及消费品关联性。另外，基于积分兑换结算亦存在账期，用户在一定限度内使用积分兑换消费时亦如同信用消费。考虑到积分作为促销工具的运营成本和积分信用化之后可能产生的用户"薅羊毛"行为，关天数据仅使丝路 e 宝聚合支付平台具备了该功能而未启用。

8.3.5　智能大屏商户端模块。该模块作为丝路 e 宝聚合支付平台中唯一的硬件模块，相较技术需求而言更偏重于运营能力的构建。基于项目实施时库尔勒本地银行和服务商还未普及移动支付收单服务，日日鲜及大量商家均未采取收银机内建支付通道的收银方式，最常见的移动支付方式为：消费者在收银员操作收银机收款键后，使用支付宝或微信支付向收银员个人账户转账支付。因此，在评估定制收银终端内支付通道的工作量和开发成本后，李东衡和关天数据（2017）决定采用智能大屏作为门店收银二维码终端、辅以当日流水对账工作流程和单店常用消费品网购页面，逐渐实现由线下向 O2O 支付过渡的移动支付场景。

8.3.6　上述聚合支付功能之于推进丝路 e 宝各项运营工作，如同进行生物能量传递系统搭建工作，唯有具备结算关联穿透的聚合支付系统能够以"最短路径"连接不同类型企业、不同销售品种、不同业务场景、不同顾客人群以及不同金融服务推荐业务，并且天然地包含了流通供应链的商业逻辑在其中，因而丝路 e 宝聚合支付系统甫一提出即被寄予了"重建一个新丝路 e 宝"的厚望。

8.4　全城寻宝：移动支付场景运营测试

8.4.1　2017 年 7 月 15 日至 8 月 30 日，为充分评估库尔勒本地市民对移动支付和社群营销的接受程度、使用习惯和用户构成，开始启动日日鲜与丝路 e 宝的用户融合工作，为丝路 e 宝聚合支付平台系统开发工作提供重要的市场依据，并向市民和商家进行移动支付知识普及，关天数据启动了以"全城寻宝"为主题的移动支付场景运营测试活动。

8.4.2　该活动分别采用了"店内扫码寻宝"和"社群组队"两条任务线，将移动支付扫码行为和金融消费知识同丝绸之路与南疆自然文化艺术等文化元素相结合，鼓励市民使用微信支付扫码以尝试丝路 e 宝微信公众号内置的各项功能。日日鲜为配合该活动在全市不同地段挑选出 3 家门店进行了二维码商品和店内 POP 放置，并在活动中全程配合了丝路 e 宝活动和业务宣传（见图 8-1 至图 8-4）。

图 8-1 丝路 e 宝微信公众平台启动期间"全城寻宝"活动开发区宣传

图 8-2 "全城寻宝"活动日日鲜库尔勒市区线下门店推广

图 8-3 "全城寻宝"活动日日鲜库尔勒市区线下门店商品贴码

图 8-4 "全城寻宝"活动开发区各社区海报宣传

图 8–4　"全城寻宝"活动开发区各社区海报宣传（续图）

8.4.3　颇为遗憾的是，由于对电商、聚合支付、流通供应链、开放共享及平台等一系列概念的认知分歧，特别是上海与新疆之间的东西部商业发育程度截然不同，超前规划地将适用于发达地区商业体系的先进模式植入库尔勒经济技术开发区，并未能立即得到当地企业的理解和持续配合。

8.5　对移动支付互联融合的事后评估

在此阶段，李东衡和关天数据（2017）对丝路 e 宝通过日日鲜便利连锁建立 O2O 业务的可能性进行了推演和充分评估，为日后提出"丝路 e 宝智慧云店"项目提供了宝贵的基础。

8.5.1　对日日鲜线下消费低客单价现实的评估。

8.5.1.1　对日日鲜线下用户流量的评估，全部基于日日鲜单方面提供的"1000 万单次/年"交易支付信息，但是考虑到日日鲜门店数量、选址、覆盖区域、经营种类、店面陈设、货物价签管理等内容，很难判断出日日鲜与消费者的关系处于怎样的联系维度。

8.5.1.2　消费者关系维度，决定着日日鲜用户流量的价值。即，用户愿意在日日鲜门店花多少钱、买什么价位的东西。从目前在日日鲜消费的情况看，消费情况主要是"高消费频次低客单价"或者"低消费频次低单价"。

8.5.1.3　"低客单价"的消费者关系维度，决定了日日鲜的固有消费者可能在心理上将该消费场景设定了"廉价"的"锚效应"，从而即使将消费从线下延伸到线上，亦不可能改变"低客单价"的现状，因此，日日鲜的消费者关系就是劣转换级别。这是丝路e宝必须面对的风险。

8.5.2　丝路e宝能否顺利获得日日鲜的劣转换级别消费者？

8.5.2.1　劣转换级别消费者很容易获得，只要承担一定营销成本。

8.5.2.2　能否通过降低使用难度和使用门槛，提高消费者使用习惯的培育？这可能是路e宝营销的一项重要挑战。一切互联网补贴先例已经证明，补贴可以在低客单价的情况下快速实现用户量的上升，但不能增加用户使用该互联网工具的忠诚度。

8.5.2.3　对此，丝路e宝选择以微信作为收银支付操作入口，已经将使用难度和门槛降到尽可能低。同时，在线上商城部分主要使用操作性更佳、更为简便的有赞商城，能进一步提高丝路e宝的易用性，从而使日日鲜的劣转换级消费者成为线上用户。

8.5.3　获得劣转换级别的消费者，要承担多大的营销成本？

8.5.3.1　获得劣转换级别消费者最大的营销成本，在于这些成本不能直接创造客户消费，如果处理不好则属于一次性投入。

8.5.3.2　为此，丝路 e 宝需要计算两个层面的营销成本。

8.5.3.3　资金成本（静态）：总用户量×单个用户获客成本。

8.5.3.4　时间成本（动态）：营销成本总覆盖时间−客户数量增长时间＞资金用尽剩余时间。

8.5.3.5　很显然不能按照"××元/人"来计算营销成本预算，而应该通过延长补贴时间的做法转换更多日日鲜消费者，当然，这也符合日日鲜通过丝路 e 宝维持客户关系的目标。

8.5.3.6　因此需要计算丝路 e 宝通过几轮补贴达到怎样的用户规模和用户黏度，以及是否需要日日鲜也进行补贴让利。这个过程大致需要分为集中补贴、弱补贴和伪补贴三个阶段，逐渐降低营销成本。

8.5.4　鉴于对营销成本和投资收益的可能性评估，关天数据决定调整原运营计划中一次性接入日日鲜的安排，进而将为聚合支付平台配套的智能大屏系统正式升级为"丝路 e 宝智慧云店"项目，以使之满足各类线下聚合支付场景，直接启动原运营计划第二步对海宝国际农产品物流商贸城、万方二手车市场的商户接入安排。该项工作直接触发了丝路 e 宝进入到专业市场流通供应链指数模型阶段，成为关天数据向深度整合运营流通供应链服务价值方向进阶的转折点。

9 从丝路 e 宝到流通供应链指数体系

9.1 电商需求定位之辨

9.1.1 基于此前"全城寻宝"活动对移动支付场景的运营测试结果以及丝路 e 宝聚合支付平台开发进度成果,李东衡和关天数据(2017)意识到,移动支付尽管可作为电商通用基础设施的重要组件,但由于库尔勒存在着面向不同市场的电商消费需求和发展意愿,仅将移动支付作为唯一"通用基础设施"尚有欠缺。本地内生电商需求(如日日鲜、红星美凯龙、万方二手车以及海宝农贸城面向本地交易需求)和外向型电商需求(海宝农贸城面向外地尤其是疆外需求),同时存在规模上的不平衡和交易方式上的竞合关系,这一局面要求丝路 e 宝进一步向深层次谋求适应性更强、延伸性更充分的功能角色定位。

9.1.2 本地内生电商需求和外向型电商需求在库尔勒经济技术开发区的竞合局面,客观上综合了经营主体意愿、市场需求、投资倾向、产业基础、政策导向与发展时机六方面角力的结果，其中：

9.1.2.1 经营主体意愿、市场需求、投资倾向是三个处于最底部也是最直接的微观因素，开发区电商平台本质上是提供市场化服务的平台，必须尊重市场规律。

9.1.2.2 产业基础与发展时机是决定服务功能的重要客观约束条件，固然可以通过运作进行快速的产业要素集聚，但是包括从业人员、商业思维、供应链生态等在内的产业基础欠缺，将从时机上制约意愿、需求和倾向的形成。

9.1.2.3 政策导向在六个要素中意义最重，它直接决定了产业要素集聚的规模、速度和层次，合理积极的政策导向能够促进供需两端的活力，会促成发展时机的达成。

9.1.3 综上，丝路 e 宝向深度整合运营流通供应链服务价值方面的转向，客观上更主要地体现出开发区管委会意愿、产业基础与发展时机的均衡。在此，李东衡和关天数据（2017）基于移动支付功能纽带，明确了丝路 e 宝在本地内生电商需求和外向型电商需求两个方向上的区别塑造：

9.1.3.1 本地内生电商需求：丝路 e 宝智慧云店。

9.1.3.2 外向型电商需求：丝路 e 宝南疆生鲜供应链指数及其运营体系。

9.1.4 对"丝路 e 宝南疆生鲜供应链指数"的创新，因其完成了对商贸流通供应链实务、专业市场支付场景、门店零售数据管理、市场交易运行指数、数据信用体系和衍生金融服务的集成，成为云上开发区一个最具标志性意义的产业互联网创新象征，更是第一次基于新疆自身市场特质实现的对传统市场交易活动全程的大数据产品集成。

9.2 新疆农贸专业市场电商升级中的八大硬伤

9.2.1 在丝路 e 宝南疆生鲜供应链指数酝酿阶段，为了同开发区企业、巴州主要的农贸专业市场海宝国际农产品物流商贸城达成合作进行预备工作，关天数据于 2017 年 4~5 月联合云上丝绸之路大数据产业研究院对南疆四地州喀什、阿克苏、和田墨玉县及克孜勒苏柯尔克孜自治州地方商经管理部门、专业市场和电商平台进行了电商和供应链调研考察。此后，6~10 月一直对海宝农贸城及入驻商家进行了包括移动支付及流通供应链需求的反复调研。综合多方调研信息，关天数据总结出新疆农贸专业市场电商升级中的八大硬伤。

9.2.2 硬伤一，交易品种的行业利润率水平偏低对交易成本的影响，制约了商户采取电商交易的积极性。新疆农贸专业市场的交易品种以鲜蔬为主、林果为辅，均为初级农产品。该类品种行业利润率较为透明，尤其当主要交易对象为疆内客商时，行业利润率限制了交易双方的溢价主动权。这意味着在疆内生意占主要比例情况下的市场商户采取任何形式的电商尝试时，都无法通过制造利润增量而抵消电商业务成本的增加，从而制约了商户采取电商交易的积极性。

9.2.3 硬伤二，交易品种的结构比例对交易效率和交易模式的影响，电商无法建立交易成本优势。疆内农贸专业市场存在着交易品种的结构化缺陷，这主要体现为，为了满足疆内汉族居民而入疆的蔬果产品和为了满足疆外全国市场而出疆的林果产品在交易规模比例上约为 3：1，即"疆内交易品种利润率较低规模总量大/疆外交易品种利润率较高规模总量小"。由于传统线下市场和各类型专业市场是疆内商贸流通交易成本及交易效率整体均衡的交易模式、居疆内交易规模之首，专业市场及入驻商户做电商显得多余且将进一步显示出电商在降低交易成本方面的弱势。

9.2.4　硬伤三，专业市场交易行为的一系列数据非结构化，决定了不可能实施"由专业市场主导的中心化交易平台"。

9.2.4.1　农贸产品的天然物理属性差异，决定了"交易品种—计量单位—交易价格—供应商"数据的非标准化。由于产地、品种等因素的区别，某一类产品在同一专业市场内的不同商户间存在着明显价差，这种价差不仅是专业市场内商户价格竞争的结果，本质上是商户产地采购成本和市场竞品格局的必然表现。

9.2.4.2　与此同时，专业市场的交易灵活性必然来源于计量单位和交易方式的非标准化，这一部分因素与前面因素的叠加，则必然造成"交易品种—计量单位—交易价格—供应商—交易方式"数据呈现出进一步的非标准化。

9.2.4.3　上述 5 类交易数据可以通过数据治理达到有效利用的结果，但并不适合基于它们开发一个中心化交易平台，其原因仍在于搭建中心化交易平台所需的数据采集、数据治理、处理中台、交易前台之必需成本及运维该平台的人力资源成本和管理成本，在传统线下市场的效率优势下成为客观的巨大浪费。

9.2.5　硬伤四，电商交易并不能直接解决专业市场商户的根本需求。缓解现金流局促问题才是专业市场商户的根本需求。

9.2.5.1 中心化电商交易平台，可能是地方政府和专业市场对于产业做大做强的期望，但并不能直接同市场商户需求画等号。

9.2.5.2 客观现实充分证明，专业市场商户是一群最有头脑、最擅长评估风险、最具有市场拓展能力、最善于优化交易品种但在现金流上最为脆弱的群体。这是由专业市场预设的"规模经营前提"自然筛选出的一个群体。交易成本，应该是放在实施电商平台战略首位的根本要素，而专业市场商户的交易行为范式，无不是为了降低规模经营的交易成本（假如把溢价能力考虑其中，则专业市场商户考虑最多的是成本和溢价）。简言之，规模经营对商户现金流管理能力提出极大要求，而现实中则体现为：

9.2.5.2.1 促使商户降价尽快回款的动力源自现金流；

9.2.5.2.2 对老客户提供品质一致、成本更低货源的动力源自现金流；

9.2.5.2.3 对新客户采取高报价、提供成本更低货源的动力源自现金流；

9.2.5.2.4 对陌生客户供货提前收全款的动力源自现金流；

9.2.5.2.5 在供货不稳定时使用零担物流的动力源自现金流；

9.2.5.2.6 在资金有限时租用仓库的动力源自现金流；

9.2.5.2.7 在资金充裕时购买仓库的动力源自现金流；

9.2.5.2.8 在贴牌供货稳定时采用简易通货包装的动力源自现金流；

9.2.5.2.9 为高溢价的出疆鲜果采用冷链物流的动力源自现金流；

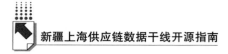

9.2.5.2.10　为稳定供应的高溢价出疆鲜果采用自有品牌换取利润率的动力源自现金流；

9.2.5.2.11　使用了银行贷款遇到年终银行抽贷而蒙受相应损失的原因在于现金流。

9.2.5.3　现金流局促问题是专业市场商户普遍高度重视而不可回避的根本问题，一切增长和损失都直接受到现金流管理能力的影响。之所以再三强调"现金流管理能力"而非现金流，原因在于两点：

9.2.5.3.1　为了规避那些为商户提供现金流而疏于资金用途管理、出现"所借非所用"而导致不必要损失的道德风险；

9.2.5.3.2　部分商户确实存在能力和经验不足，而在选品、库存、客户识别、财务制度、人事管理等方面出现决策错误而导致经营损失的能力风险。

9.2.5.4　只追求"交易"的中心化电商平台天然不符合专业市场这种交易模式的需要。综观国内亦尚未出现在交易规模、交易效率、交易频次上真正取得成功的农贸市场中心化电商交易平台。

9.2.6　硬伤五，移动支付的普及进一步挤压了中心化电商交易平台的存在空间。微信和支付宝彻底完成了对常规电商的精准打击，云闪付更凭借市场主导地位后发先至——对于尚不具备电商经营思维的传统商户而言，收款功能在绝大多数情况下即意味着电商，而微信群和朋友圈则扩大了交易范围、延长了可交易时间。总体而言，在绝大多数以专业市场为主要交易环境的商户群体中，社会工具和移动支付为其提供了不亚于中心化电商交易平台的赋能。对比随处可见的收款二维码，以交易为目标的"中心化电商交易平台"就显得缺乏绝对必要性了。

9.2.7 硬伤六，专业市场现存的开放的物流和配送现状对中心化电商交易平台仓配体系的抑制作用。

9.2.7.1 受限于新疆特殊地理区位和邮件分拨、邮路管制的现状，在新疆很容易对比出各电商平台实际物流配送服务能力：

9.2.7.1.1 京东所提供的物流和配送服务均为新疆目前最优，可达到接近京东国内其他城市的平均水平，这得益于京东专注投资仓配一体化所取得的成绩。

9.2.7.1.2 淘宝天猫仅能有限地通过菜鸟对实际物流商提供信息辅助，实际服务能力仍受限于当地物流加盟商。

9.2.7.1.3 同为阿里系的苏宁易购虽然将物流配送服务延伸到卖场所在城市，但在苏宁、天猫、淘宝上会大面积出现同类商品新疆无货字样，苏宁更未能将物流运力扩展到新疆的生鲜农产品品类。

9.2.7.1.4 顺丰作为物流商转电商物流的代表，在新疆的配送时效和到达完成情况方面与京东相比存在较显著的差距，这可能跟顺丰的物流基因有直接关系，具体表现是慢和服务质量下降。

9.2.7.1.5 通达系物流商以及其他货代公司，承担着疆内外除京东外其他电商物流的主要实施，与京东物流开放服务存在一些差距。

9.2.7.2 了解了电商平台的物流和配送现状之后，专业市场现存的开放的物流和配送模式，就成为下一个抑制中心化电商交易平台建立的因素。上文提到"移动支付的普及进一步挤压了中心化电商交易平台的存在空间"，因而在交易功能之外扩展多功能，尤其是延伸和补充农贸产品交易全过程的服务，是中心化电商平台得以错位发展的可选方向，然而即使是在搭建仓配服务体系方面，专业市场也正在承受到"货运版滴滴"满帮平台的渗透，这种情况对于但凡去过专业市场、对专业市场略有所知的人均能理解，不展开论述。而弱化交易功能，努力建立与开放物流配送兼容并存、且能体现专业市场线下优势的仓配体系，注定留给专业市场电商化升级的余地越来越小。

9.2.8 硬伤七，人口密度低，平台电商边际经营效益必须面对业务分流的挑战，专业市场电商平台始终无法跨越本地低频需求鸿沟，而追逐外向需求又无法建立与京东阿里系平台的错位竞争优势。

9.2.8.1 新疆总面积达 163.1585 万平方千米，占中国国土面积的 1/6，截至 2017 年末常住人口仅为 2444.67 万人，人口密度约为 15 人/平方千米，即使仅计算乌鲁木齐、各地州首府城市和新疆建设兵团辖市和城镇，人口密度之低也难以令平台电商实现收支平衡。

9.2.8.2 在新疆经营电商必须面对的业务分流之难在于：

9.2.8.2.1 本地零售需求总量有限但可实际适度高频。

9.2.8.2.2 本地批发需求总量低且低频。

9.2.8.2.3 外地零售需求总量不稳定但存在一定溢价空间。

9.2.8.2.4 外地批发需求总量大且高频但现金流门槛高。

9.2.8.2.5 外地批零均已有现成的全国性电商平台，本地专业市场搭建自有平台必将进退失据。

9.2.9 硬伤八，碎片化地将电商认知为"电商贸易"功能，缺乏必要的市场营销实践认知土壤，无法理解电商在交易撮合、降低信息搜寻成本、优化供应链组织实施乃至金融科技方面的广阔应用能力和丰富内涵。这种认知层面的硬伤从根本上阻断了专业市场电商平台商业模式创新的可能。

9.2.9.1 任何商圈和生意的繁荣都以产业资源集聚和长期投资为基础。当专业市场搭建电商平台已经面对极其有限的选择时，实施者唯有回到认知观念层面的革新，从市场的角度进行业务创新和资源重组，因此，对目标市场空间、目标市场人群和目标市场业务流程的选择，就成为专业市场电商化升级最后必需的预备工作。

9.2.9.2 关天数据在 2017 年 9 月至 2018 年 7 月持续联合新疆财经大学商务学院库尔勒校区、巴音学院举办了近 20 期以供应链赋能为主题的双创系列讲座，旨在为新疆 B 端电商业务的发展输入市场意识、培养与市场相匹配的人力资源，力求从就业者与市场认知层面打破对商业模式创新的阻碍。

9.3 新型流通供应链基础设施的最佳发展投资时间窗

9.3.1 有鉴于上述普遍存在于新疆的产业基础，丝路 e 宝与海宝农贸城的合作方案就不可能采取网上商城式的平台模式，而必须在流通供应链大数据应用的范围内找到各自优势的最佳结合点。因而在与海宝农贸城方面沟通合作需求时，关天数据提炼出对方存在四个方面主要需求。

9.3.1.1 基于库尔勒向南疆进行扩张的管理优化需求，包括但不限于：

9.3.1.1.1 须在确保库尔勒市场经营规模和客户资源的前提下进行扩张。

9.3.1.1.2 须尽可能保障整个体系管理成本与扩张收益处于平衡状态。

9.3.1.1.3 在与南疆四地州地方资金或政府合作时，应从管理机制上充分确保整个体系的竞争壁垒。

9.3.1.1.4 体系商业模式复制成本低。

9.3.1.2 专业市场电商交易模式升级需求，包括但不限于：

9.3.1.2.1 交易种类将保持在不少于近千种数量级上。

9.3.1.2.2 交易商数量从线下升级至线上，将从千位级上升到十万位级。

9.3.1.2.3 交易服务流程将从面对面交易，扩大到宣传展示、包装、物流发货。

9.3.1.2.4 交易响应周期从 9：00~15：00 扩大到 7×24 小时。

9.3.1.2.5 线上交易范围应支持全国可交易。

9.3.1.2.6 整个电商平台交易体系提供持续、巨大的工作量岗位需求。

9.3.1.3 基于收益规模化的服务与业务升级需求，包括但不限于：

9.3.1.3.1 传统的租金加交易分润模式，收益较稳定但受到市场交易总量局限存在着总量瓶颈。

9.3.1.3.2 仓储、配送、分销、金融等增值服务，在交易条件简便趋势下，将成为体现服务差异化的重要的新兴业务项目。

9.3.1.3.3 新兴业务总体上存在着一致的"降低经营成本、

提高资金使用效率"特征，存在着以交易资金服务与管理为中心、提供立体供应链管理为导向的普遍需求。

9.3.1.3.4 供应链管理能力将作为供应链金融服务的风控基础，这是一项当前市场中具有高盈利能力的核心竞争力。

9.3.1.4 向仓配一体化平台升级的管理能力升级需求，包括但不限于：

9.3.1.4.1 仓配一体化平台区别于传统 B2B 平台的核心在于对交易、仓储、物流、客服、促销等多流程的并行管理能力，且工作重心在于该流程关联业务合作伙伴的商务融合管理，是真正实现产业化的综合平台。

9.3.1.4.2 从专业市场向 B2B 平台升级，再从 B2B 平台向仓配一体化产业平台升级，存在着一次结构彻底重建的工作在当前已属于较浪费的投资模式。

9.3.1.4.3 新兴业务对以交易为中心的传统市场存在着管理流程的改造。

9.3.1.4.4 管理工具将从人工管理和 PC 端工具演变为移动端、平台系统管理工具，基于市场的供应链大数据管理应用将成为管理能力升级的重心。

9.3.2 "仓配一体化"过往仅是以京东为代表的电商配送体系模式，其目的在于支撑超大规模 SKU 供应链交付效率，这一在电商企业看似足够领先的模式，反而在传统专业市场拥有更高交易效率的新疆，转向成为较普遍的设施基础。而新疆人口密度低、南北疆分布严重不均，南疆在"工业品下行、农产品上行"工作上存在的局限主要受制于生鲜供应链上行发展水平较落后，丝路 e 宝依托云上开发区政策导向优势和云上丝绸之路大数据产业研究院智库优势，与海宝国际农贸城共同通过实施仓配一体化与供应链大数据管理输出，不仅可以帮助对方在南疆完成市场销售网络的扩容建设，还可以通过在南疆建立实时、高效的生鲜供应链系统完成大数据与实体经济相互拉动增长的商业生态，因此，丝路 e 宝与海宝国际农贸城的组合定位便应运而生——定位于区域性的"新疆首个集仓配一体化与供应链大数据管理输出于一体的生鲜供应链产业互联网平台"，内容包括：

9.3.2.1　基于传统专业市场交易效率优先的区域性生鲜供应链产业互联网平台，立足于生鲜蔬果冷链流通供应链的集线上线下交易、产品展示、品牌推广、渠道对接、仓储、物流配送、供应商增信、供应链金融等全产业环节的 B2B 电商平台。

9.3.2.2　基于传统专业市场仓储物流设施及管理能力的仓配一体化服务平台，以生鲜供应链产业互联网平台向下覆盖仓储、物流基地，通过实时仓储数据与透明物流数据管理业务，实现具备一定辐射性（南疆）的骨干仓储物流网络。

9.3.2.3　基于在南疆多地州专业市场升级投资的供应链大数据管理输出平台，通过实施"丝路 e 宝—海宝南疆生鲜供应链指数"品牌策略，系统建立生鲜供应链产业互联网平台的大数据类型和应用结构，通过对该指数商业化运营与疆内同类传统农贸商场建立供应链大数据管理输出业务，形成"互联网+"裂变扩张。

9.3.3　相对于"区域性生鲜供应链产业互联网平台"和"仓配一体化服务平台"两个实务功能，关天数据更注重为丝路 e 宝注入"供应链大数据管理输出能力"——管理输出能力之于大数据正如云计算之于流通供应链实体经济，在新疆普遍存在互联网产业基础薄弱、产业优势欠缺的局面下，唯有结合大数据工具在新疆本地传统专业市场之间构建出一个具备确定性收益的流通供应链网络闭环，才可以使管理输出成为一项可收费、可持续的云计算服务。

9.4 信用匹配原则

9.4.1 基于本书 7.3 介绍的关天数据重启丝路 e 宝项目时所做调研的结果，即企业融资能力不足对于企业普遍的经营束缚，因此，李东衡和关天数据（2017）在进行供应链指数设计时建立了下列"信用匹配原则"：

9.4.1.1 高周转约束。充分理解"高周转"是市场和商家所属流通业的底层约束条件，且高周转与资金使用效率之间存在着强关联。

9.4.1.2 数据事实。区别对待市场和商家不同经营数据所对应经营行为的资金发生情况，以及所有信息所指向的经营行为事实。

9.4.1.3 品种约束。充分理解经营品种是流通业经营利润的底层约束条件，不同经营品种对利润的贡献差异，体现为经营规模、周转效率、物流成本、库存成本等指标，并依此对应不同的经营风险。

9.4.1.4 账期约束。充分理解账期对流通业交易模式、交易成本和交易效率的现实影响。

9.4.1.5　拆借需求。充分理解商家进行经营资金拆借应对日常资金短缺的合理性。

9.4.1.6　持续经营。充分理解商家对于持续稳定经营和规模适当扩张的必要动机。

9.4.1.7　成本管理。充分理解经营数据形成商家经营预期判断的影响，主要集中于一定周期内供应链成本结构稳定性和商家成本控制、管理优化的能力。

9.4.1.8　信用分配。充分理解专业市场交易资金总规模同市场管理机制、市场供应链基础设施服务效率之间的强关联效应，以及由此而产生的市场管理机制介入商家经营的约束效果。

9.4.1.9　直接风险。充分理解资产不等于到期偿付能力、经营风险不等于债务灭失风险，经营性现金流枯竭才是流通业的直接风险。

9.4.1.10　结算约束。基于本书 8.3.3 结算模块对丝路 e 宝聚合支付平台结算模块的描述，银行介入供应链交易资金支付结算全流程（非存管）可以约束融资资金名义用途与实际用途不匹配的风险。

9.4.2　"信用匹配原则"旨在解决流通供应链（尤其是覆盖大量农业经营主体的生鲜流通供应链）各节点交易对象资产实力有限、银行信用记录欠缺、银行对该领域缺乏充分理解及相匹配之风控系统而引发的融资难问题。"信用匹配原则"强调基于支付结算改造流通供应链交易模式、形成适用于流通供应链行业的商业信用及风控体系共识，为商业银行拓展传统风控体系、准确理解以专业市场为生态的生鲜流通供应链企业经营风险提供了系统框架，是丝路 e 宝生鲜流通供应链指数衔接银行和流通供应链企业之间的服务工具。

9.4.3 基于 2017 年 7~11 月第一阶段调研成果和"信用匹配原则",关天数据（2017）通过面向市场入驻商户持续调研访谈、建档，对市场、入驻商户、商户交易场景及交易相对方交易模式中主要涉及成本及需求的数据依供应链依存关系进行还原，正式完成包含 5 项 26 个指标 51 个参数的"丝路 e 宝南疆生鲜供应链指数"，与流通供应链企业的不同融资资金用途形成逐一匹配关系。

9.4.3.1 产品供销指数，基于日常经营销售的信用匹配（6个）：主要经营品种、月销量、销往地、供应商数量、来源地、月供应量。

9.4.3.2 基于物流使用情况的信用匹配（5 个）：物流类型、物流周期、月物流使用频次、物流量、物流辐射区域。

9.4.3.3 基于库存周转情况的信用匹配（5 个）：仓储类型、使用周期、仓储储能、仓储权属、存储品种。

9.4.3.4 基于融资需求分配的信用匹配（5 个）：年交易额、使用时间周期、融资金额、融资类型、资金用途。

9.4.3.5 基于市场商铺租售的信用匹配（5 个）：商铺类型、商铺租金、租赁周期、经营面积、面积拓展。

9.5 丝路 e 宝南疆生鲜供应链指数模型

指数页面：https://datav.aliyuncs.com/share/1712576e8e7ea76b4265929c754e67eb。

9.5.1　产品供销指数——描述海宝市场商铺的采购环节与销售环节对应的采购销售情况。包括入驻商家主要经营品种的供应商来源及数量，销售的目的地和销量的数据变化情况。

9.5.1.1　数据指标：

9.5.1.1.1　主要经营品种：指海宝市场入驻商家主要经营的交易品种。

9.5.1.1.2　月销量：指海宝市场入驻商家的主要经营品种的各销往地一个月度的销售总量。

9.5.1.1.3　销往地：指海宝市场入驻商家主要经营品种的销售目的地。

9.5.1.1.4　供应商数量：指海宝市场入驻商家主要经营品种的供应商数量。

9.5.1.1.5　来源地：指海宝市场入驻商家主要经营品种的供应商的来源地。

9.5.1.1.6　月供应量：指海宝市场入驻商家主要经营品种的供应商月供应总量。

9.5.1.2　参数框架：

9.5.1.2.1　不同经营品种，销往地与月销量对应关系的分布情况。通过对交易商经营单品的销售目的地与相对应的月销量的关系，分析在单个品种的条件下，不同销售目的地对相应的经营品种的需求情况；以及分析在不同经营品种的条件下，不同销售目的地对各经营品种的需求情况。

9.5.1.2.2　不同经营品种，供应商数量与供应来源的分布情况。通过了解交易商各经营单品的供应商数量和供应来源的情况，分析交易商经营品种的采购来源及分布信息。

9.5.1.2.3 不同经营品种，供应来源与月供应量的分布情况。通过总结交易商经营单品的来源和月供应量的大小的规律，分析消费者对相应供应地品种的需求程度。

9.5.1.2.4 不同经营品种，销往地与供应商数量的分布情况。通过总结交易商经营单品的销售目的地和供应商数量多少的分布关系，分析市场越大是否供应商的数量也越多。

9.5.1.2.5 不同经营品种，来源地与月销量的分布情况。通过总结经营单品供应来源与月销量多少的情况，分析市场对不同来源地产品的需求程度。

9.5.1.2.6 不同销往地，经营品种与月销量的分布情况。通过总结不同经营品种的月销量的多少的规律情况，分析市场对各经营单品的需求程度；以及分析不同销售目的地，市场对各经营单品的需求程度。

9.5.1.2.7 不同销往地，经营品种与供应来源的分布情况。通过总结不同经营品种的不同销售目的地和来源地的关系情况，分析同一销售地，市场所需产品对其产地的需求情况，以及分析不同销售目的地，市场所需产品对其产地的需求情况。

9.5.2 物流活跃指数——描述海宝市场商品供应链各环节所涉及的物流情况以及物流的覆盖情况。它包括市场中使用的物流类型情况、各类型物流的周期、月使用次数、物流量和物流辐射区域的数据信息，能够让市场了解不同类型物流的周期，不同类型物流的辐射区域等数据变化规律。

9.5.2.1 数据指标：

9.5.2.1.1 物流类型：是指根据海宝市场商户采购销售过程中对物流的使用情况，可分为普通整车汽运、普通零担汽运、冷链整车运输、冷链零担运输和其他物流。

9.5.2.1.2　物流周期：是指海宝市场入驻商家采购销售过程中物流单次运输的时长。

9.5.2.1.3　月物流使用频次：是指海宝市场入驻商家采购销售过程中商户在一个月度使用各类型物流的次数。

9.5.2.1.4　物流量：是指海宝市场入驻商家采购销售过程中使用的物流一个月度内运输的重量。

9.5.2.1.5　物流辐射区域：是指海宝市场中物流触及地区范围。

9.5.2.2　参数框架：

9.5.2.2.1　不同物流类型，物流量与月使用频次的分布情况。分析同一类型的物流，一个月度运输的总量越高其使用的频次是否越高；以及分析各类型物流一个月度运输的总量与其使用的频次情况，以此判断交易商对不同物流的依赖程度。

9.5.2.2.2　不同物流类型，物流周期与月使用频次的分布情况。分析同一类型的物流，其物流周期越短是否月使用的频次就越高；以及分析不同类型的物流，物流周期的长短是否会影响交易商对物流的选择。

9.5.2.2.3　不同物流类型，物流辐射区域与物流量的分布情况。分析同一类型的物流，其触及的地区及该地的市场需求量情况；以及分析不同类型的物流，其触及的地区及该地市场需求量的情况，并以此判断各地对物流类型的要求情况。

9.5.2.2.4　一定物流周期区间，物流类型与物流量的分布情况。分析相同时间周期区间的物流，物流类型的情况及其相对应的物流量情况；以及分析不同时间区间的物流，其物流类型和对应的物流量，并以此判断选择最优的物流方案。

9.5.2.2.5　一定物流周期区间，物流类型与月使用频次的分布情况。分析相同时间周期区间的物流，物流的月使用频次是否受物流类型的影响；以及分析不同时间周期区间的物流，物流周期是否会影响物流的月使用频次。

9.5.2.2.6　一定物流周期区间，物流辐射区域与月使用频次的分布情况。分析各地物流的活跃程度。

9.5.2.2.7　一定物流周期区间，物流辐射区域与物流类型的分布情况。分析相同时间周期区间的物流，其类型是否会影响物流触及的地区；以及分析不同时间周期区间的物流，物流周期是否会对物流辐射区域产生影响。

9.5.2.2.8　月使用频次在一定区间，物流量与物流周期的分布情况。分析相同区间的物流月使用频次，物流周期是否会影响物流月度的运输总量；以及分析不同区间的物流月使用频次，是否会影响物流月度运输的总量。

9.5.2.2.9　月使用频次在一定区间，物流类型与物流量的分布情况。分析相同区间的物流月使用频次，不同的物流类型是否会对相应的物流量产生影响；以及分析不同区间的物流月使用频次和物流类型对物流量的影响。

9.5.2.2.10　月使用频次在一定区间，物流辐射区域与物流类型的分布情况。分析同一区间的物流月使用频次，物流类型对物流触及地区范围的影响，以及分析不同区间的物流月使用频次和物流类型对物流辐射区域是否有影响。

9.5.2.2.11　月使用频次在一定区间，物流辐射区域与物流量的分布情况。分析同一区间的物流月使用频次，物流辐射区域是否对物流量产生影响；以及分析不同区间的物流月使用频次与物流辐射区域对物流量的影响。

9.5.3 仓储周转指数——描述海宝市场中商户主要经营品种的仓储变化情况，包括使用的仓储类型、仓储的使用周期、仓储的面积、仓储的归属情况以及仓库中储存的商品品类等数据信息。它能帮助市场了解不同仓储类型中的品种存储情况，不同仓储类型中各品种的存储周期变化以及仓储的使用情况等信息。

9.5.3.1 数据指标：

9.5.3.1.1 仓储类型：是指根据海宝市场中商户对仓储的使用情况，指数中的仓储类型分为普通仓储、冷仓储、摊位堆放三个部分。普通仓储是指常温库、简易库；冷仓储是指低温库、冷冻库；摊位堆放指是车辆内存放、摊位堆放等。

9.5.3.1.2 使用周期：是指海宝市场中货物从入库到出库的货物存储时长。

9.5.3.1.3 仓储面积：是指海宝市场中商户拥有仓储的面积，而非仓储的使用面积。

9.5.3.1.4 仓储权属：是指海宝市场中商户对仓储的需求，指数中的仓储权属指标分为买、建、租和合租。

9.5.3.1.5 存储品种：是指海宝市场中商户在所拥有的仓库中储存的商品品类。

9.5.3.2 参数框架：

9.5.3.2.1 不同仓储类型，仓储权属和仓储储能的分布情况。分析相同的仓储类型，仓储储能的大小与仓储不同的归属的数量关系分布情况；以及分析不同类型仓储，仓储储能的大小与不同的仓储权属的数量关系分布情况。

9.5.3.2.2　不同仓储类型，仓储权属和使用周期的分布情况。分析相同的仓储类型，仓储使用周期与不同的仓储权属的数量关系分布情况；以及分析是否会由于不同的仓储类型和仓储权属对仓储的使用周期产生影响。

9.5.3.2.3　不同仓储类型，仓储品种和使用周期的分布情况。分析相同的仓储类型，不同的仓储品种与仓储时间周期的分布情况；以及分析是否会由于仓储类型不同，对不同仓储品种的仓储时间周期产生影响。

9.5.3.2.4　不同仓储权属，仓储类型和对应的仓储储能的分布情况。分析相同的仓储权属，不同的仓储类型和仓储储能的数量分布关系；以及分析不同的仓储权属，仓储类型的数量分布及不同仓储储能的数量分布。

9.5.3.2.5　不同仓储权属，仓储类型和仓储品种的分布情况。分析相同的仓储权属，不同的仓储类型存放的仓储品种分布；以及分析不同的仓储权属，是否会对仓储的品种产生影响。

9.5.3.2.6　不同的使用周期区间，仓储品种和仓储类型的分布情况。分析相同的仓储时间区间，不同类型的仓储中存储的品种的数量分布；以及分析不同的仓储时间区间，不同类型的仓储使用情况及相应的存储的品类数量情况。

9.5.4　融资需求指数——描述海宝市场供应链各环节对融资的需求情况，包括商品原产地采购环节的资金需求，商品运输过程中的资金需求，商品储存环节的资金需求以及专业市场中采购者对入驻商家租赁时的资金需求。金融需求指数始终随着时间的变化以及供应链各环节的资金需求变化而变化。

9.5.4.1 数据指标：

9.5.4.1.1 年交易额：指海宝市场中一个年度入驻商家主要经营品种交易额的汇总额度。

9.5.4.1.2 使用时间周期：指海宝市场中供应链各环节商户对融资资金的使用时长。

9.5.4.1.3 融资金额：指海宝市场中供应链各环节入驻商家需要融资的金额额度。

9.5.4.1.4 融资类型：根据海宝市场入驻商家的融资需求，指数中的融资类型指标分为仓单质押、商业保理、应收账款融资、拆借、融资租赁等。

9.5.4.1.5 资金用途：根据海宝市场入驻商家的融资需求，指数中的资金用途指标分为进货、物流、仓储、入驻商家租赁、包装。

9.5.4.2 参数框架：

9.5.4.2.1 一定的金额使用时间周期区间，年交易额与对应的企业数量关系的分布情况。通过总结不同年交易额区间的企业与融资资金使用时间周期之间的规律，分析企业的年交易额越高对应的融资金额的使用时间周期是否越长。

9.5.4.2.2 一定的金额使用时间周期区间，年交易额与融资金额的关系的分布情况。通过总结不同年交易额区间的企业与融资金额的关系规律，分析企业的年交易额越高对应的融资金额是否越高，并且融资金额的使用时间周期是否也越长。

9.5.4.2.3 一定的金额使用时间周期区间，年交易额与融资类型的关系的分布情况。通过总结不同年交易额区间的企业与融资类型和融资金额使用时间周期的关系规律，分析企业的年交易额是否与对应的融资类型有关系，以及分析年交易额与融资类型之间的关系，判断年交易额在不同区间的企业是否会影响融资时使用的融资类型。

9.5.4.2.4　一定的金额使用时间周期区间，融资类型与对应的融资金额的关系的分布情况。通过总结不同的融资类型与融资金额区间和融资资金使用时间周期的规律，分析不同融资类型情况下的融资金额使用周期情况，以及融资类型与融资金额的关系，判断融资类型是否对融资金额的使用周期有影响、融资类型是否会影响或限制融资的金额。

9.5.4.2.5　资金用途不同，年交易额与融资金额的分布情况。通过总结不同区间的年交易额的企业资金在相同的用途中融资金额多少的规律，分析在同一个资金用途中，年交易额越高的企业是否会有更高融资需求。

9.5.4.2.6　在资金用途不同的情况下，年交易额与资金使用时间周期的分布情况。通过总结不同区间的年交易额的企业资金在相同的用途中金额使用周期长短的规律，分析融资金额在同一个用途中，年交易额越高的企业融资金额的使用时间是否也越长。

9.5.4.2.7　在资金用途不同的情况下，融资金额与融资类型关系的分布情况。通过总结不同的融资类型与对应的融资金额高低的规律，分析融资金额在同一个用途中，融资类型是否会影响企业的融资金额。

9.5.4.2.8　在资金用途不同的情况下，融资类型与时间周期的分布情况。通过总结不同融资类型与相对应的资金使用时间的规律，分析融资金额在同一个用途中，使用的融资类型是否会影响资金的使用时间以及分析不同融资类型对应的资金使用时长的关系情况。

9.5.4.2.9 在融资类型不同的情况下，交易商年交易额与融资金额的分布情况。通过总结不同区间年交易额的企业融资金额的多少的规律，分析在相同的融资条件下，年交易额越高的企业其融资金额是否也越多，以及分析不同融资条件下，年交易额越高的企业是否融资金额均比价高。

9.5.4.2.10 在融资类型不同的情况下，融资金额与金额使用时间周期的分布情况。通过总结企业融资金额与金额使用周期的关系规律，分析在同一个融资类型的条件下，企业的融资金额越高是否要求的金额使用周期时间也越长，以及在不同融资类型的条件下，年交易额较高的企业是否会由于融资类型的不同，而影响资金的使用周期。

9.5.4.2.11 在融资类型不同的情况下，融资金额与资金用途的关系的分布情况。通过总结资金用途与融资金额多少的关系规律，分析在同一个融资类型的条件下，资金用途是否会影响融资金额的多少，以及分析在不同融资类型条件下，是否会由于融资类型的不同，而影响在每一个资金用途下使用金额的大小的情况。

9.5.4.2.12 在融资类型不同的情况下，融资金额与企业主要交易品种的分布情况。通过总结企业的类型与其融资金额大小的规律，分析在同一个融资类型中，企业的经营类型是否会对企业的融资金额的大小产生影响，以及在不同的融资类型中，是否会由于融资类型的变化，而影响不同经营类型的企业的融资金额大小。

9.5.4.2.13　在一定的年交易额区间内，交易商资金的使用时间周期区间对应的资金用途分布情况。通过总结不同的资金用途相对应的资金使用时长的规律，分析在同一个年交易额区间，不同的资金用途对应的资金使用的时长，是否会出现某一个资金用途的资金使用周期比较长的情况；以及分析不同年交易额的条件下，是否会由于年交易额的不同，对企业不同资金用途下的资金使用时长产生影响。

9.5.4.2.14　在一定的年交易额区间内，交易商各融资类型相对应的融资金额多少的分布情况。通过总结不同的融资类型对应的融资金额之间的规律，分析在同一个年交易额区间，融资类型是否会影响企业的融资金额，同时融资类型与融资金额是否存在一定的关系规律；以及分析年交易额在不同区间的条件下，是否会由于年交易额的不同，对企业在不同融资类型下的融资金额大小产生影响。

9.5.4.2.15　在一定的年交易额区间内，时间周期对应的融资金额多少的分布情况。通过总结企业不同融资金额的不同资金使用时间周期的规律，分析在同一个年交易额区间，企业的融资金融越高是否资金的使用时间越长；以及分析在不同的年交易额的条件下，企业的融资金额是否越高，对应的资金使用周期是否越长。

9.5.4.2.16　在一定的年交易额区间内，交易商融资金额与资金用途的分布情况。通过总结企业的融资资金的用途和其对应的融资金额的关系，分析在同一个交易额区间，企业的融资金额多少与资金用途的影响程度；以及分析在不同交易额的条件下，是否企业的年交易额越高用在不同用途上的融资金额越高。

9.5.5　入驻商家租赁指数——描述海宝市场中商户对海宝市场入驻商家的租赁和需求情况，包括海宝市场入驻商家的租金情况，商户经营的入驻商家的面积情况，不同经营面积下商户对入驻商家面积拓展的需求情况以及不同的租赁周期内商户正在使用经营面积与对面积拓展的需求的变化情况等数据信息，反映海宝市场内商户对入驻商家租赁需求的变化情况。

9.5.5.1　数据指标：

9.5.5.1.1　入驻商家类型：是指根据海宝市场入驻商家的分布情况，指数中的入驻商家类型分为水果批发入驻商家、蔬菜批发入驻商家、干果批发入驻商家等。

9.5.5.1.2　入驻商家租金：是指海宝市场入驻商家承租人向入驻商家出租人交纳的入驻商家租赁费用。

9.5.5.1.3　租赁周期：是指海宝市场入驻商家承租人与入驻商家出租人签订的租赁合同中约定的入驻商家租赁期限。

9.5.5.1.4　经营面积：是指海宝市场入驻商家承租人与入驻商家出租人签订的租赁合同中约定的入驻商家租赁面积。

9.5.5.2　参数框架：

9.5.5.2.1　不同的入驻商家类型，租赁周期和经营面积的分布情况。分析相同的商铺类型，交易商经营的商铺面积是否会对租赁时长产生影响；以及分析不同的商铺类型，是否会对交易商租赁商铺的时长产生影响。

9.5.5.2.2　不同的入驻商家类型，经营面积和面积拓展的分布情况。分析相同类型的商铺类型，是否交易商经营面积越大，其面积拓展的范围就会越大；以及分析不同类型的商铺类型，是否会对交易商面积拓展产生影响，是否存在某种商铺类型的面积拓展需求程度更大。

9.5.5.2.3　不同的入驻商家类型，入驻商家租金与租赁周期的分布情况。分析相同的商铺类型，商铺的租赁周期是否会受到商铺租金的影响，是否商铺的租金越高，商铺的租赁周期越短。以及分析不同的商铺类型，是否会由于商铺类型的不同，从而影响商铺的租金以及商铺的租赁周期。

9.5.5.2.4　不同的入驻商家类型，经营面积与租赁周期的分布情况。分析相同的商铺类型，商铺的经营面积是否会影响商铺租赁的时长，即是否商铺的经营面积越大，商铺的租赁周期越长。以及分析不同的商铺类型，是否会影响商铺的经营面积，从而影响商铺的租赁周期。

9.5.5.2.5　一定的经营面积区间内，入驻商家类型与面积拓展大小的分布情况。分析相同的商铺经营面积区间，不同的商铺类型是否会影响商铺面积的拓展，何种类型的商铺最需要拓展商铺的经营面积。以及分析不同的商铺经营面积区间，商铺类型的分布及随着商铺经营面积的变化，商铺面积拓展范围的变化情况。

9.5.5.2.6　一定的经营面积区间内，入驻商家类型与租赁周期的分布情况。分析相同的商铺经营面积区间，不同的商铺类型对商铺租赁周期的影响；以及分析不同的商铺经营面积区间，商铺类型的分布情况及对商铺租赁周期的影响。

9.5.5.2.7　一定的经营面积区间内，入驻商家租金与租赁周期的分布情况。分析相同的商铺经营面积区间，商铺租金越高是否商铺的租赁周期越短；以及分析不同的商铺经营面积，对商铺租金的影响，是否商铺的经营面积越大，商铺的租赁周期

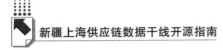

越长。

9.5.5.2.8 一定的租赁周期区间内，入驻商家类型与入驻商家数量的分布情况。分析相同的商铺租赁周期，各类型商铺的数量分布；以及不同的商铺租赁周期，各类型商铺数量的变化，判断各类型商铺租赁周期的规律情况。

9.5.5.2.9 一定的租赁周期区间内，入驻商家类型与入驻商家租金的分布情况。分析相同的商铺租赁周期，各类型商铺的商铺租金情况；以及不同的商铺租赁周期，各类型商铺租金的变化，判断商铺的类型和租赁周期是否会对商铺的租金产生影响。

9.5.5.2.10 一定的租赁周期区间内，入驻商家类型与经营面积的分布情况。分析相同的商铺租赁周期，各类型商铺的经营面积的分布；以及不同的商铺租赁周期，各类型商铺经营面积的变化，判断商铺的类型和经营面积是否会对商铺的租赁周期产生影响。

9.5.5.2.11 一定的租赁周期区间内，经营面积与面积拓展的分布情况。分析相同的商铺租赁周期，是否商铺的经营面积越小面积拓展的需求越大，拓展的面积范围越多；以及分析不同的商铺租赁周期，商铺的经营面积的变化，并判断是否商铺的租赁周期越短，商铺面积拓展的需求越小，拓展的面积范围越少。

9.6 丝路e创：基于丝路e宝南疆生鲜供应链指数的众包制流通供应链数据生产模式创新

9.6.1　为充分量化生鲜流通供应链交易风险，指数涉及大量需要同时在市场、商户和仓储物流各环节进行数据生产与集成工作，为此，2017年9月至2018年8月，本书作者通过关天数据持续在新疆财经大学商学院库尔勒分院和巴音学院进行"数据平台赋能供应链"的专题讲座，一直获得了校方大力支持和积极配合。

9.6.2　在此过程中，针对数据调研协同工作和讲座反馈情况，为了进一步达到指数数据集成的理想效果，本书作者决定依托丝路e宝平台持续运营需求、关天数据数据服务体系和甘肃工业职业技术学院职业教育双创学院职业人才培养机制，共同开发衍生项目一带一路产教融合双创孵化平台"丝路e创"，商业项目名为"丝路创业生"。

9.6.2.1　项目定位。

9.6.2.1.1　由商贸流通企业提供数据众仓业务需求，帮助企业灵活获得专业数据生产服务。

9.6.2.1.2　为在校大学生提供电商创业就业所需货源、供应链、渠道及常规市场营销培训的孵化平台。

9.6.2.1.3　基于高校内高频快递收发需求、孵化由学生主导的校园精准O2O服务场景创业的服务平台。

9.6.2.2　项目竞争力。

9.6.2.2.1 以"商业认知—经营技能—经营资源—学徒培养"为组合的小型化商学院培训模式，承载平台双创服务理念。

9.6.2.2.2 以"一带一路"重要节点城市及其市场间的供应链和营销渠道网络为支撑，以"货源—供应链—市场"为内容的流通供应链体系为服务价值，通过深度覆盖重要节点城市流通供应链资源，实现平台精准高效的电商创业孵化与服务效率。

9.6.2.2.3 遵循商业原则，以培育商业生态、孵化潜在业务伙伴、实现供应链开源合作为平台与学生之间的关系指引，最终形成商会或行业协会式的商业伙伴关系。

9.6.2.3 功能板块。

9.6.2.3.1 创业孵化模块。

9.6.2.3.1.1 孵化营板块——该板块主要培养学生商业认知和基础经营技能，展示双创工作进度。

※ 提供学生申请报名参加双创学院创业孵化课程的报名入口。

※ 提供产品创意与生产职业技能、市场营销知识、品牌创意与设计知识、互联网创业工具在线学习课件。

※ 宣传介绍甘工院双创学院指定的学徒制大师。

※ 宣传介绍创业学生明星和创业项目。

※ 宣传介绍双创学院的创业孵化政策和信息。

※ 宣传展示双创学院"丝路 e 创"孵化大数据。

9.6.2.3.1.2 储备池板块——该板块主要培养学生从经营资源出发、运用成本管理意识规划创业经营的资源配置，同时鼓励学生积极运用供应链进行创业。

※ 展示学生可使用的货源、市场网络和供应链资源。可选

货源——葡萄酒、生鲜、保健品、快消品和跨境食品等；可选市场——库尔勒、苏州、天水、广州、西安；供应链资源——新疆上海供应链数据干线、新疆葡萄酒产区直配专线。

※ 学生可在平台提供的货源范围内和市场范围内，选取意向的经营品类和目标市场，进行电商创业的基础供应链成本试算，用于评估经营可行性。

※ 可选货源信息清单中，包括"品名/供应商/供货地/供货价/最小供货量/账期"。

※ 储备池三类信息将由人工于管理后台录入数据，人工录入工作以数据表单字段为内容。

9.6.2.3.1.3　供应链板块——该板块依托两个供应链业务板块提供发货管理和进货分销功能。

※ 关天数据承担新疆上海供应链数据干线上的供应链管理服务，本平台提供的货源、市场网络均为供应链数据干线的业务资源，学生可自由使用以上资源进行创业。

※ 新疆葡萄酒库尔勒苏州直配专线是新疆上海供应链数据干线的一个业务专项，目前面向学生仅提供进货分销功能，在天水设立中转仓后，将支持学生利用中转仓进行自主分销的发货管理。

※ 目前直配专线的发货管理仅为新疆酒庄发货功能，酒庄发货功能为平台定向开通性质不支持酒庄自行注册，酒庄可于提交申请后由平台工作人员进行核实后开通账户，平台开通酒庄账户的同时，还须人工登记酒庄各类信息。

9.6.2.3.2　校园服务模块——校园站。

9.6.2.3.2.1　校园服务均实行"成长积分制"，积分可用于

学生支付部分校园服务所需费用，例如支付菜鸟驿站快递费、校内 O2O 服务等。

9.6.2.3.2.2　菜鸟驿站快递费支付：平台调用微信扫一扫接口、内建扫码支付功能，同时支持现金和积分支付。

9.6.2.3.2.3　校园站 O2O 服务支付：以菜鸟驿站为线下经营场所，提供不少于 100 个 SKU 的校内日常便利零售服务，学生亦可在线使用现金和积分消费。

9.6.2.3.3　品牌运营模块——丝路公益行。以电商精准扶贫所涉及的产地选品、实地调研、种养殖记录数据化等内容为主题，面向学校周边主要农产品种养殖贫困地区进行惠农公益活动。该模块主要以发布和组织惠农公益活动为形式，并通过外链微信公众号推文实现。

9.6.2.4　目前丝路 e 创平台已上线运行，成为甘肃工业职业技术学院双创学院运营体系。

10 SLEconomics：从 0 到 1

10.1 存量更新的数据资产价值

10.1.1 对于丝路 e 宝而言，每发展一步、创造任何增量，都必须建立在合理的存量规模基础之上。日日鲜、红星美凯龙、海宝农贸城乃至万方二手车在库尔勒拥有规模相对可观的存量，资源固然极为可贵，然而如何借助他人存量为自己创造增量，显然不能寄希望于强硬摊派。市场规律和商业逻辑是一切平等合作的底层约束条件，即使丝路 e 宝肩负库尔勒经济技术开发区的电商产业引导功能、是国家电子商务示范基地的重要功能之一，仍需做好平台冷启动的思想准备。

10.1.2 丝路 e 宝南疆生鲜供应链指数是针对丝路 e 宝外向型电商需求（见本书 9.1.2）进行存量经济体系的创新尝试，其实施方法是将流通供应链认知体系、云计算大数据应用和管理模式输出三者结合，叠加到现有专业市场的经营模式上。与之对应，在结束了全城寻宝移动支付场景运营测试之后，李东衡和关天数据（2017）对普遍的线下商业存量（如日日鲜、红星美凯龙、万方二手车和普通社区店）价值进行反思后，将原聚合支付平台优化后实施"丝路 e 宝智慧云店"项目则成为面向本地内生电商需求的主力服务。正是这种对线下商业存量更新的努力，使丝路 e 宝得以借由对"弱支付"支付数据聚合能力的创新，将南疆生鲜供应链指数和智慧云店两个项目融合为一套一体化存量商业数据应用价值创新的发展路线。

10.1.3　这种思想始终贯穿于项目运营全过程。特别是对于零存量、冷启动的丝路 e 宝项目而言，本书 8.3 展开介绍的聚合支付能力是关天数据试图实现南疆生鲜供应链指数和智慧云店两个项目循环发展的重要组成部分，而两个项目的角色和职能分工在于，前者是流通供应链服务价值的内核，而后者是流通供应链服务落地的实施工具——前者在海宝农贸城的落地仍需借由后者实施。基于这种设计，丝路 e 宝实质上构成一个以流通供应链为约束条件、以线下商业场景为枢纽、以兼顾融资需求实现能力和电商业务融合为目标的三模供应链网络。

10.1.3.1　机会成本考量：丝路 e 宝的零存量现实主要集中在尚未建立起常规业务体系，而常规业务体系的建立本身有赖于过往存量规模，仅以开发区管委会的引导作用为依托，在库尔勒已知现有的商业模式中重复既无助于立即创建错位竞争优势，也缺乏足够必要的运营成本支撑。因此，基于关天数据自行投资研发的聚合支付平台，建立一种全新供应链模式，该模式研发、测试和运营过程中产生的数据将形成可观的数据存量资产。相对于本就缺乏电商产业基础的库尔勒经济技术开发区而言，这一选择机会成本更低。

10.1.3.2 预期回报考量：利用线下商业存量的支付数据与其他经营数据之间的关联逻辑为这一三模供应链网络画像，能够为该供应链网络中商家与消费者、商家与供应商、供应商与采购商之间的交易关系进行更多有效数据描述，特别是从单一财务指标外部充分量化其经营能力和潜在风险。这便得该项业务同时具备以下数种不同业务方向的盈利能力：

10.1.3.2.1 支付场景服务。

10.1.3.2.2 线下商业轻量级 ERP 云服务。

10.1.3.2.3 流通供应链成本优化服务。

10.1.3.2.4 面向上述三种服务的金融及其风控需求数据集成服务。

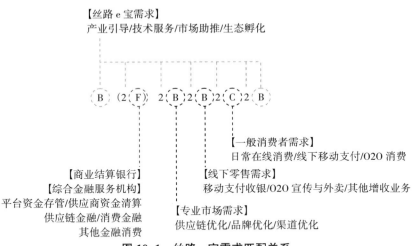

图 10-1 丝路 e 宝需求匹配关系

10.1.3.3 业务生态考量：智慧云店架构将"弱支付"中结算关联穿透能力（见本书 8.3.3.1）进一步扩充成流通供应链交易数据流，客观上将线性的供应链上下游关系拓展为横向、循环和交叉业务关联，形成立体的三模供应链网络（见图 10-2），而维持该立体网络结构（相互交易/服务关系）的动能则来自于智慧云店架构。这恰恰是流通供应链商业和库尔勒传统线下商业存量之间的最大差异，同时更是传统商业向新零售方向演化的必然趋势。维持该三模供应链网络的结构洞所产生的调研、架构、服务、业务、字段等数据，均将成为可替代的存量。

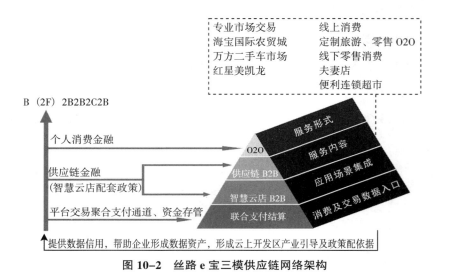

图 10-2 丝路 e 宝三模供应链网络架构

10.1.4 三模供应链网络反映出这样一个事实——在流通供应链应用场景中，供应链金融是供应链交易、组织和管理的重要塑造力量，这主要取决于供应链网络中金融服务的效率高度影响着网络中的交易模式及交易效率，从完整的"商流—资金流"视角看，自这些金融服务与流通供应链进行结合起，便已脱离了传统金融业务分类而融合成为全新的"流通供应链金融"。

10.1.5 支撑流通供应链金融及流通供应链的交易、支付及体现供应链关系的大数据，即是该供应链网络最为核心的建构力量，同时亦为伴随存量永续、不可复制的数据资产，并由此支撑起以丝路 e 宝南疆生鲜供应链指数和丝路 e 宝智慧云店合力运转的"丝路 e 宝经济学"。

10.2 SLEconomics：基于流通供应链全局视野的丝路 e 宝经济学

10.2.1 必须理智地看待上述基于流通供应链全局视野对丝路 e 宝所做的设计。通过导入流通供应链全局视野和应用底层支付结算工具，逐步实现由存量商业向流通供应链产业集群的过渡，是夯实库尔勒经济技术开发区电子商务发展基础、增加"云上开发区"中层拓展实力的机会成本最优选择。这种兼顾顶层设计和自下而上优化存量的努力，由"支付场景—信用匹配—产业智能"三个层面数据服务构成一个完整的实施系统，本书作者将该实施系统称为"丝路 e 宝经济学"（SLEconomics）（见表 10-1）。

表 10-1　SLEconomics

逻辑层	核心诉求	主要业务	主要内容
微观层面	支付场景	弱支付商业存量聚合支付场景业务	始终锁定专业市场入驻商户线下交易场景，将商户租赁与购买的入驻商家作为商户底层商业信用、将商户在市场中支付的各类服务费用作为双向数据联系，利用商户日常经营品种和收款之间的关联，分别对市场、商户、合作仓储物流服务商输出业务/财务分析能力，为市场逐步建立辐射南疆的流通供应链数据中台提供必需的数据类型字段、分析模块、应用体系和用户角色设定
中观层面	信用匹配	供应链大数据信用档案业务	为每一个商户创建唯一匹配的供应链信用档案，覆盖其选品能力、定价能力、客户量规模、客户类型、成本管理能力、现金周转效率、平均利润率、真实资金规模、日常经营性融资实际支出匹配度等分析数据；同时，进行短周期实时收集商户日常经营性融资需求，并对需求进行"用途—金额—周期"分类，使之与商户供应链信用档案形成配套档案，帮助商户向合作银行申请贷款

续表

逻辑层	核心诉求	主要业务	主要内容
宏观层面	产业智能	指数衍生开发系列工作	通过统计市场内所有商户的产品供销情况、物流活跃情况、仓储周转情况、金融需求情况和入驻商家租赁情况五个维度数据量化市场总体交易规模和经营现状，形成海宝国际市场对疆外市场和南疆各地州的实际生鲜流通供应链接续能力、辐射范围、关联强度、交易对象总规模等市场发育水平的评估，从而进一步得出对库尔勒经济技术开发区基于区位物流优势发展南疆生鲜流通供应链产业的成长情况评估。该评估结果最终将影响合作银行向商户发放经营性贷款的利率市场化浮动区间，达成"开发区主管部门—流通供应链数据中台—专业市场—商户—银行"五个角色之间的产业联动

10.2.2　SLEconomics 观点一：供应链是在物理世界和虚拟世界形成产业集群的高效工具。

10.2.2.1　基于流通供应链高周转而集聚的服务生态，天然地符合彼得·德鲁克关于经济链基于成本管理导向而形成的外包、联盟、合资等合作伙伴关系的生成机制描述。

10.2.2.2　流通供应链生态所包含的内生服务需求足以创造并维持稳定的工作岗位和就业系统，诸如云计算平台设计与运维、数据采集、商家和商品数据生产、商品图片和视频拍摄、平面设计、供应链买手管理、供应链管理及技能培育等工作都有赖于稳定的产业集群运营环境，丝路 e 宝经济学旨在这一就业系统持续输出稳定的运转能力。

10.2.3　SLEconomics 观点二：流通供应链数据资产，是存量流通资源重新配置更新的操作核心。

10.2.3.1　持续运转的数据流是本书前述流通供应链运行机制与各项目共同构成流通供应链服务生态的血液，它们与供应链解决方案不可分割，不仅服务于流通供应链的经济运行现实，更是验证丝路 e 宝经济学的量化工具。蕴藏于数据流之中的供应链解决方案，是一套用技术思维诠释商业逻辑的算法，数据流只有在这种情况才能够成为极其珍贵的数据资产。

10.2.3.2　库尔勒经济技术开发区是经济技术与高新科技两型开发区，拥有南疆快递分拨中心、南疆快递园、总面积超过 15 万平方米的标准恒温库、毗邻巴音郭楞蒙古自治州临空经济区南疆最大的客货吞吐空港枢纽、库格铁路北端起点……层次多样、可支撑公铁空联运、直接辐射半径超过 1500 千米的存量流通供应链资源基础，呼唤更大规模和更频繁的商贸流通活动。

10.2.4　SLEconomics 观点三：流通供应链金融服务完整度，是供应链交易效率提升的关键。

10.2.4.1　流通供应链金融服务的目的是满足流通供应链高周转交易模式需要。

10.2.4.2　不可单纯地将供应链融资等同于流通供应链金融服务，基于这种狭隘认知提供金融服务，割裂了流通供应链交易活动与供应链金融服务风险之间的因果关系，不仅会引发系统性供应链金融风险积聚，更将令金融风险传导至流通供应链全链条、伤害供应链交易效率，使流通供应链企业风险加剧。

10.2.4.3　以支付结算为基础、以流通供应链交易资金清算为目标、以供应链交易融资为清结算配套实施体系的综合金融服务构成了流通供应链金融服务完整度。其内在逻辑既包含了对流通供应链交易风险的全新认知，更触及反映出流通供应链全链条对行业和参与企业的信用创建需要。

10.2.4.4　信用匹配原则是如实诠释流通供应链全链条商业交易、资金流向、风险量化、资金结算和资金清算管理的认知体系。信用匹配原则使流通供应链金融从服务需求、服务入口到服务场景等内容根本区别于一般供应链金融。

10.2.4.5　降低流通供应链成本、通过提高交易频次实现交易规模增长，是流通供应链金融服务完整度对交易效率的最大贡献。企业基于流通供应链全链条内部信用机制和配套金融服务，可以有效调整成本结构并将经营管理重心放到定价优化、渠道拓展和促销上，进而起到对供应链成本从局部到整体的优化作用。

10.2.5　SLEconomics 观点四：流通供应链指数，是暴露流通供应链金融服务完整度水平、行业风险，并进行供应链全链条商务资源、价格和成本配置的重要工具。

10.2.5.1　流通供应链指数是将零散的微弱的支付结算信息（例如结算金额和结算时间）集成进行关联解释的信息披露体系，该体系解决了单一信息不足以解释流通供应链系统性风险传导的信息不对称问题，实质上为流通供应链金融服务底层资产提供了实时监测和预警机制。

10.2.5.2　流通供应链指数的波动，内在成因是市场信号、流通供应链交易效率和供应链金融服务三者之间的调谐状态。尤其当流通供应链上下游结算关联穿透（见本书 8.3.3.1）在进行当期和远期交易信号匹配时，指数波动同时贯穿了金融服务进行中短期时间价值配置的始终。

10.2.6　SLEconomics 观点五：流通供应链金融服务完整度必须严格基于供应链全链条支付结算一体化，它既是促成自有资金和信贷资金在流通供应链里稳定流动的管道，也是供应链指数进行商业经营和市场数据集成与应用的平台，还是线下存量供应链资源电子商务升级的工具。

10.2.6.1 丝路 e 宝聚合支付平台系统的开发和测试经验已能确认，目前国内任一家头部支付机构的支付系统均具备支持交易资金流、信息流、商流"三流合一"的技术基础，而电商系支付系统与非电商系支付系统相比早已形成巨大的交易数据沉淀，并已基本完成了"三流合一"。随着中国支付机构"断直连"和由网联进行全国非银行支付统一支付清算的监管实施，支付行业利用聚合支付技术基础、向流通供应链提供精准业务场景的"三流合一"普惠服务已是不可逆的根本趋势。

10.2.6.2 聚合支付能力对流通供应链在逻辑和现实上的支撑暂时还无法完全匹配，这主要受限于两方面现实：

10.2.6.2.1 我国目前西北五省流通供应链条的主要交易参与者多为传统批零经销商、物流商等，其中使用电商平台者数量仍然大幅低于东部沿海地区。

10.2.6.2.2 我国目前除电商系支付机构外，其他支付机制均对电商、流通供应链实务缺乏充分接触和认知，且支付场景差异化的业务特性决定了支付机构较为习惯进行方案定制服务，尤其对于县乡级下沉市场的流通业务场景十分陌生，需要假以时日加深对"三流合一"的理解。

10.2.6.3 线下存量流通供应链资源包含物流、仓储、分销渠道、品牌服务等，在电子商务升级过程中建立结算账户、结算关联，即可通过始终对应的结算关联穿透数据流为每一账户收入情况提供数据信用档案服务。必须明确的是，出于信用评级服务的监管措施和信用匹配原则，该项数据服务被牢牢约束于流通供应链范围内，而不能作为一般信用评级依据。

10.2.6.4 尽管各电商系支付平台均已具备上述流通供应链

要素并完成了以电商为价值链的供应链金融服务体系布局，但必须要理性看待流通供应链作为一种商业生态的特殊性。流通供应链在供应链参与主体组织作用上属于产业互联网，其运行严格受到地缘性供应链成因的约束，服务项目和服务团队必须同时满足地方性、定制性和部署化三个条件，因此，现有电商平台仍需要针对通用流通供应链云计算中台服务要求进行持续工作推动。

10.3　贸易品种与流通供应链成本的终极挑战

10.3.1　在库尔勒经济技术开发区经发局支持下，丝路 e 宝南疆生鲜供应链指数首轮海宝农贸城商家融资需求建档和第二轮指数样本数据调研工作于 2017 年 12 月初开始进行。在此期间，本着服务商家交易、推动巴州农产品对接长三角消费市场的思路，关天数据在建档调研的同时还向多个商家提供了市场信息撮合服务，由此通过生鲜农产品交易谈判意识到贸易品种对流通供应链服务的重要约束作用。

10.3.1.1　新疆远离多数内地主要市场，超过 3000 千米的漫长距离突破了常规新疆本地商人交易半径，因此在商机面前本地商人宁愿适当舍弃部分利润而在本地低价完成钱货交易。

10.3.1.2　在这种交易模式下，生鲜农产品从新疆运到长三角消费市场的成本显然已经超出基本的包装成本、物流成本及推广成本，电商或交易撮合角色所发生的管理成本、时间成本、库存租、融资资金成本乃至机会成本贯穿流通供应链始终而构成完整的流通供应链成本——这一成本体系才是真正决定流通供应链交易效率的交易成本。

10.3.1.3 在每一对具体交易关系中，交易双方出于博弈策略往往会对"成本"进行不同解释，长距离商贸活动中生鲜产品面临除产品直接成本之外的保质期、采购款、发货批次、定价、销量、周转速度等节点成本难以有效量化而形成大量隐性流通供应链成本，一旦利润无法覆盖双方间的最高成本时则交易无法达成，因而流通供应链全链条总是倾向于提高定价直到接近市场无法承受水平。但这样一来，市场价格在消化了大量隐性流通供应链成本之后，将价格信号传递回产地一级交易环节，又由于市场价格信息同一级交易环节成本之间的信息不对称，而扰乱了新一轮一级交易环节围绕"成本"的新博弈。如此循环，交易成本提高，交易效率下降。

10.3.1.4 上述信息说明，超过一定范围的长距离商贸流通活动，本身会加深市场价格与流通供应链成本之间的信息不对称。相应地，新疆生鲜产品长距离流通供应链成本治理的现实性，束缚了这一规模可能最大的消费品种无法成为效率最优的商品品种。

10.3.2 市场价格与流通供应链成本的匹配关系，以及隐性流通供应链成本的现实性，迫使李东衡和关天数据（2017）在对海宝农贸城商家建档调研的同时，开始跳出丝路 e 宝业务框架寻找流通供应链成本更为合理的贸易品种。故而，新疆葡萄酒流通供应链业务自 2017 年 12 月同期启动，作为承续丝路 e 宝南疆生鲜供应链指数业务体系的新疆葡萄酒流通供应链指数，成为该业务条线的第一个产品。

11 新疆葡萄酒流通供应链指数概述

指数页面：https：//datav.aliyuncs.com/share/9cb93181338fd66
f33ca6f2e0853e9bb。

11.1 编制目标

11.1.1 旨在说明新疆葡萄酒流通供应链具体交易数据完整
度（参见"8.3.3 结算模块"）。

11.1.2 旨在充分揭示流通供应链成本结构及其成本因子
权重。

11.1.2.1 产品因子：包括产品产区、价格、包装规格、原
料品种、品牌等。

11.1.2.2 交易因子（不含分销商统计部分）：合同分销件
数、合同平均交易金额、合同平均履约天数、提供结算服务银
行数量、使用供应链融资情况等。

11.1.2.3 分销网络因子：包括分销商数量、分销商类型、
分销商分布城市、主要分销商城市、分销商价格敏感度等。

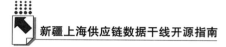

11.1.2.4 物流配送因子：包括物流形式、物流商接入数量、物流网络平台数量、仓储接入数量、前置仓数量、前置仓平均覆盖人数、配送节点类型等。

11.1.3 旨在形成市场分销网络对产地供应要求的信号传递闭环。

11.1.3.1 流通供应链角色种类，反映市场分销网络的深度，进而反映市场对不同产品等级和品牌的需求。

11.1.3.2 流通供应链分销商网络密度和网络关系分布，反映不同城市分销网络间的需求偏好差异，进而反映市场对不同产品销售规模的预期。

11.1.4 旨在充分呈现新疆葡萄酒流通供应链全链条经营风险。

11.1.4.1 流通供应链交易数据度，与企业经营能力成正比。

11.1.4.2 流通供应链成本高低，与企业经营风险成反比。

11.1.4.3 流通供应链成本结构透明度，与产业运行风险成反比。

11.1.4.4 流通供应链分销网络规模与节点数量，与产业投资风险成反比。

11.1.5 基于上述设计思想，指数得以结合智能合约（参见本书 3.2.1）形成新疆上海供应链数据干线核心服务组（参见本书 3.2），通过供应链数据干线标准仓储网络（参见本书 3.3.2）为新疆葡萄酒分销商提供供应链金融场景服务。

11.2　数据构成

11.2.1　基准核心数据：来自新疆葡萄酒产区直配专线服务所使用的新疆上海供应链数据干线智能合约。

11.2.2　供应链节点数据：来自供应链数据干线标准仓储网络。

11.2.3　分销网络数据：来自供应链数据干线标准仓储网络。

11.2.4　物流配送数据：来自供应链数据干线标准仓储网络。

11.3　编制方法

11.3.1　指数以 100 分为起始数值，以每周为 1 个更新周期。

11.3.2　指数数据结构：由 4 层数据构成。

11.3.2.1　顶层数据：新疆葡萄酒流通供应链指数。

11.3.2.2　三级数据：按照指数计算规则对二级数据处理所得（当前统计周期用 D 表示，前一统计周期用 Db 表示）。

11.3.2.2.1　中位数流通供应链成本（元/件）：CmsD。

11.3.2.2.2　合同分销总件数（件）：ND。

11.3.2.3　二级数据：按照二级数据计算规则对智能合约底层数据处理所得。

11.3.2.3.1　新疆葡萄酒流通供应链节点数量。

11.3.2.3.2　新疆葡萄酒流通供应链角色种类。

123

11.3.2.3.3 新疆葡萄酒产区覆盖度。

11.3.2.3.4 供应链覆盖地域紧密度。

11.3.2.3.5 物流服务深度。

11.3.2.3.6 合同分销规模。

11.3.2.4 底层数据：服务于新疆葡萄酒的"新疆上海供应链数据干线智能合约"。

11.3.3 指数计算公式：$100 + (ND - NDb)/NDb \times 100 + (CmsDb - CmsD)$。

11.4 主要指标释义

11.4.1 基准核心数据：中位数流通供应链成本。

11.4.1.1 流通供应链成本因配置产品品级、主要目标市场、仓储物流方案、分销网络及配送条件不同而存在结构化差异，因此，追求"平均流通供应链成本"不切实际。

11.4.1.2 出于指数编制目标，指数务须呈现出流通供应链成本与全链条交易效率和交易风险节点之间的相关性，因此，确保流通供应链成本运行在较低水平，则要求充分揭示带有行业一致性的仓储物流费用和分销渠道费用的实际控制水平，该部分数值在统计中呈现出一定稳定性。

11.4.1.3 进行"中位数流通供应链成本"统计，可以保留不同品牌/品种/规格的成本高低特性，同时又尽可能地体现成本的主要集中区间，由此能如实反映出流通供应链成本对新疆葡萄酒市场规模和利润率的影响关系。

11.4.2 基准核心数据：合同分销总件数。

11.4.2.1 该指标首先是对新疆上海供应链数据干线新疆葡萄酒流通供应链业务运营能力的直观呈现。

11.4.2.2 基于供应链数据干线对新疆葡萄酒流通供应链全链条覆盖度的体现，进而反映出通过该体系所实现的新疆葡萄酒知名度、全国市场对新疆葡萄酒性价比的认可程度、对新疆葡萄酒的交易意愿以及真实交易规模。

11.4.3 供应链节点数据。

11.4.3.1 新疆四大主产区酒庄数量。

11.4.3.2 焉耆盆地产区供应结构：焉耆盆地为第一批接入新疆葡萄酒流通供应链指数的产区，各小产区年产量、出货量与出货价等参数构成供应链数据干线的初始设定值。

11.4.3.3 成品酒平均供货成本构成及主要成本占比。

11.4.3.3.1 同一价位成品酒平均供货成本结构变化，体现供应商成本控制和经营能力的提高。

11.4.3.3.2 不同价格成品酒之间平均供货成本结构变化，体现产区产业政策方面的优化对供应商成本的支撑，包括塑造产区供应链品牌、引导产区供应链金融服务、整合产区生产规模等系列措施。

11.4.3.4 酒庄接入数量：酒庄接入数量的增长，能够提高供应链数据干线对酒庄的供货议价能力，稳定持续的酒庄接入工作是确保新疆葡萄酒流通供应链成本管理服务能力的重要基础。

11.4.3.5 分销商接入数量：分销商越多，分销网络广度越大，流通能力越强，供应链数据干线议价能力也越强。

11.4.3.6 结算银行数量：提供供应链金融服务的结算银行

越多，供应链数据干线作为底层融资资产的共识越广，新疆葡萄酒的质押价值越稳定，供应商信用评级越高、融资能力越强。

11.4.3.7　物流商接入数量：物流商接入越多，可替代的物流方案组合越多，物流费用议价能力越强。

11.4.3.8　仓储接入数量：仓储接入数量越多，组货、配货能力越强，辐射市场范围越广，但同时也会导致仓储成本增加。

11.4.3.9　物流网络平台数量：物流网络平台接入数量越多且在物流商中占比越大，物流服务效率越高、交付效率越高，物流费用议价能力越强。

11.4.3.10　分销商类型数量：分销商类型包括大型商超、购物中心、便利店、酒吧、俱乐部、线上零售、社区拼团、微商等，分销商类型越丰富，消费重叠概率就越大，消费总量和消费频次就将提高。

11.4.3.11　分销商城市数量：分销商分布的城市数量越多，市场覆盖范围越大，分级销售和精准销售能力越强，同时伴随分销网络扩大。

11.4.3.12　前置仓数量和前置仓平均覆盖人数：前置仓数量与前置仓平均覆盖人数，共同构成了前置仓对分销商铺货和销售响应的支撑能力，同时还构成了对供应商直销能力的支撑。

11.4.3.13　合同平均交易金额：对合同平均交易金额的统计，能够反映市场中在售新疆葡萄酒的主要档次和品级，从而对供应商形成品牌、定价、促销等营销策略改进的决策参考。

11.4.3.14　合同平均履约天数：合同平均履约天数反映出分销商销售能力、合同结款周期、资金周转效率，间接体现出合同交易商品是否具备品质、品牌、定价、包装等方面的适销条件，能够综合体现出供应商和分销商在流通供应链中的实际商业信用能力。

11.4.3.15 获得贷款家数：供应链数据干线支持流通供应链全链条企业进行供应链贷款融资，获得贷款家数直接反映出全链条融资规模，能够为评判是否存在行业内系统性风险提供穿透性数据支持。

11.4.3.16 使用物流网络平台家数：实际使用物流网络平台的企业数量，供应商和分销商分别计算，用于量化评估供应链数据干线的运营成本。

11.4.3.17 进入前置仓家数：实际使用前置仓的供应商数量，用于量化评估供应链数据干线的运营成本。

11.4.3.18 使用统一包装家数：使用产区供应链品牌服务包装的供应商数量，用于评估供应链数据干线在产业端整合的实际成效。

11.4.3.19 上述 15 种供应链节点数据覆盖了指数推广和实际运营接入动态过程中的数据集成工作，每一节点数值的增减变动均指向新疆葡萄酒流通供应链服务的成长性。这些成长性包括：

11.4.3.19.1 供应商业务结构化数据采集工作的成长性。

11.4.3.19.2 智能合约服务市场的成长性。

11.4.3.19.3 智能合约服务深度的成长性。

11.4.3.19.4 智能合约数据沉淀的成长性和数据粒度的精进性。

11.4.3.19.5 供应链资产网络规模的成长性。

11.4.3.19.6 供应链资产数据能力的成长性。

11.4.3.19.7 供应链资产市场认可度的成长性。

11.4.3.19.8 新疆葡萄酒流通供应链全链条企业信用能力的成长性。

11.4.3.19.9 新疆葡萄酒流通供应链服务品牌价值的成长性。

11.4.3.19.10 分销网络规模的成长性。

11.4.3.19.11 前置仓服务能力的成长性。

11.4.3.19.12 物流服务商服务能力的成长性。

11.4.3.19.13 供应链金融服务规模成长性。

11.4.4 分销网络数据。

11.4.4.1 主要分销商城市。

11.4.4.1.1 分销商集中的城市将引发市场和供应链资产集聚效应，进而发育为辐射周边市场的网络中心。

11.4.4.1.2 主要分销商城市之间的空间距离关系进一步影响到供应链资产配置区位、数量、级别等参数，是进行物流网络设计的重要决策依据。

11.4.4.1.3 主要分销商城市之间的市场定价差异，便于实施价格歧视以促进不同品级产品在不同城市间形成销售组合，同时优化市场定价和供应链成本两个范畴。

11.4.4.2 分销商网络关系分布。

11.4.4.2.1 价格关系维度：主要分销商城市之间分销商采取价格分级销售的比例关系，体现出该城市的市场价格宽容度，一个市场价格宽容度越高，市场总量规模往往越大，一个市场内价格宽容度越低，越接近于单一价格，则市场总量规模比价格宽容度高的市场较小。

11.4.4.2.2 销量关系维度：主要分销商城市之间分销商采

取规模销售的比例关系，体现出该城市的市场总容量，销量关系维度数值越大，市场总容量越大，但与分销商利润无关。

11.4.4.2.3 前置仓覆盖率维度：前置仓与分销商网络重叠度越高，分销商响应效率越高，服务能力越高。

11.4.4.3 分销网络数据分销商销售品种数据分布。

11.4.4.3.1 不同规格/销售对比：反映分销网络对于产品销售包装规模的需求偏好，并直接影响分销商利润。

11.4.4.3.2 不同品种/销售对比：反映供应商的产品结构是否适应分销网络的需求偏好。

11.4.5 物流配送数据。

11.4.5.1 在途物流数据：通过运用 G7 物流数据平台及其数据采集设备进行实时收集，用于进行物流实时跟踪，提供产品全程物流数据可见。

11.4.5.2 配送对象类型数据分布：供应链数据干线对物流配送数据的全覆盖，将不同配送对象的数据区别对待，以构建完整的流动供应链数据闭环。配送至分销商、前置仓和直销客户，分别用于补足供应商/分销商、仓储物流服务商和供应商的供应链交易关系数据。

12 新疆葡萄酒与流通供应链的共生繁荣关系

12.1 新疆葡萄酒产业的流通供应链塑造力

12.1.1 新疆大力扶持发展葡萄酒产业客观上是新疆所处特殊的自然生态条件与葡萄酒产业的双向选择，皆因为葡萄酒是新疆现有的商品标准化程度最高的农产品，而新疆特有的自然生态条件和现代工业发展要素现状决定了农业在新疆经济结构中举足轻重的比重。在面对新疆葡萄酒这一新接触商品品种时，关天数据（2018）针对新疆葡萄酒企业经营现状，重点就其全国性销售流通渠道对接、仓储物流要求、分销代理交易方式、商品流通成本结构、产能与生产工艺控制、财税成本、资金流日常管理情况、常规融资渠道八个影响企业流通成本的决定性因素，同巴州葡萄酒协会、和硕县酒业管理部门及多家葡萄酒企业相关负责人进行了持续调研。

12.1.2 根据 2016 年 12 月发布的《新疆维吾尔自治区轻工

业"十三五"发展规划》数据，截至 2015 年，全疆葡萄种植面积 225 万亩，约占全国葡萄种植面积 1230 万亩的 18.3%，其中酿酒葡萄种植面积 61.2 万亩，约占全国种植面积的 1/3。全区建成葡萄酒生产企业 134 家、取得 QS 生产许可证的企业 84 家、尚有在建企业 87 家。全区年产葡萄原酒能力 40 万千升，实际年产葡萄原酒约 15 万千升、成品葡萄酒 8.75 万千升。此外，新疆的北疆天山北麓、伊犁河谷、东疆吐哈盆地和南疆焉耆盆地四大主要产区自 2015 年起先后进行了地方性的葡萄酒产业规划，大力鼓励扩大酿酒葡萄种植面积和增加酿酒企业发展，并竞相推动各小产区的地理标识产品认证和种植生产标准化工作。综合判断，目前新疆葡萄酒实际年产成品葡萄酒约 10 万千升。

12.1.3　上述产量以生产当年 30%产量入市销售、标准容量 750 毫升/瓶为单位，新疆葡萄酒自 2019 年每年入市待售保有量保守估计约 4000 万瓶，且每年还将保持不少于 18%的增长速度。如此巨大的待售规模，既对葡萄酒流通供应链提出了巨大考验，同时也为不局限于葡萄酒的涉疆流通供应链产业发展提供了充足的流量支撑。故而新疆葡萄酒流通事实上同时关联到两类价值。

12.1.3.1　新疆葡萄酒稳定销售的市场价值——依上述数据推算，年销售额不可能低于 60 亿元。这一市场价值不可能全部通过新疆市场实现销售，必然需要进行全国市场扩张。

12.1.3.2　新疆葡萄酒流通供应链服务价值——包括仓储、物流、包装、品牌、营销、供应链金融及其他定制化服务，尤其以新疆葡萄酒流通供应链金融服务规模最大。

12.1.4　新疆葡萄酒虽然仍保留农产品普遍具有的传统原材料耕种、采收等习惯，但是加工生产为商品的过程必须满足生产加工标准化规范，因而，当每一瓶葡萄酒灌装成形时，酒厂理论上也具备了进行葡萄酒商品属性数据结构化处理的条件，只是受限于生产管理精准化程度，有的酒厂对加工包装贮存过程进行了数据统计管理，而有的仍依赖手工登记。

12.1.5　目前，由于缺乏数据处理条件的支撑，新疆葡萄酒的实际商品数据结构化水平并未达到理想程度，不同的原料构成、成本结构、产品特点、供货优势、供货周期、物流周期等环节数据以及供应商一般交易规则等数据之间尚未打通、形成通用数据体系，这些都抑制了交易双方在报价、订金支付、约定销售周期、交易方式等方面的积极性，同时抑制了新疆葡萄酒流通供应链的弹性和效率。

12.1.6　针对这种成本、效率与交易之间的传导性，完善新疆葡萄酒流通供应链全链条商品数据结构化水平、建立流通供应链数据体系，既能事先评估交易过程乃至交易达成后流通环节中的成本和风险，也能促进交易达成。

12.2　流通成本：新疆葡萄酒产业全国扩张的阿喀琉斯之踵

12.2.1　商品标准化程度虽然能够降低交易成本和管理风险，可以适当消除流通环节中其他隐性成本，但无助于抵消刚性物流成本。

12.2.1.1　现实中的葡萄酒流通环节供应链往往并非由专门服务商完成，商贸公司、物流公司、货代公司、无车承运人甚

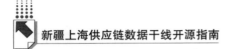

至私人货车主都可能成为葡萄酒的物流服务商。对于此类服务商而言，葡萄酒比普通商品多出加固、防碎裂、防爆等常规处理工作，在极寒或酷暑下还需要使用冷链车，这既说明了葡萄酒在物流组织方面并不存在大问题，但同时说明物流环节对葡萄酒企业是一个不容忽视的刚性成本支出。

12.2.1.2 物流实施对新疆葡萄酒流通上的特殊影响胜于其他地区的产品或新疆的其他产品。不仅如此，葡萄酒带有生活方式和人格属性的消费特点，决定了一旦滞销后价格竞争会对品牌造成致命性打击。因此，流通环节中"高频、少量"配货特性传导至物流环节，就决定了新疆葡萄酒企业必须始终不懈地寻找尽可能抵消物流成本的方法，否则将直接限制进行全国市场拓展。

12.2.1.3 在传统物流服务商的业务场景中，除基本物流费用构成因素外，葡萄酒运输特殊性所造成的物流成本提高，更多地出现在冷链运输情况下要求物流商必须在去程整车装运同类运输条件的货物，而返程亦尽量如此。

12.2.1.4 然而，在新疆乃至整个西北，冷链运能存在着运输品种和空间分布上的不对等——向东冷链运能需求大，向西冷链运能需求极小，而在这种品种和空间分配上的不对等更深层次来看是运输品种所创造的经济价值和效益不对等，是一种短期内无法解决的经济结构引发的不对等。因此，当前不少小型运输公司和冷链车主不得不对车辆进行冷藏改装，为了在去程和返程中分别执行不同的温度控制，以消化由于运输品种不同所带来的收益损失和运输成本。事实上，承运人的每一项成本都向上转移到交易双方手中，推高了涉疆冷链物流成本。故而，全国市场对于新疆葡萄酒企业是一个既迫切希望进入但又难以大幅度突破成本局限的矛盾。

12.2.1.4.1　随着新疆葡萄酒产业产能日益增大，新疆作为一个单一封闭市场将迎来不可逆转的激烈竞争，每家企业都在尽可能地尝试拓展全新的全国市场。

12.2.1.4.2　通过自建电商团队在各电商平台上铺货，却由于缺乏电商营销基因所以至今为止各电商平台几乎只能起到展示功能。

12.2.1.4.3　通过建立营销团队拓展全国分销渠道，则持续面临管理难度大、管理成本过高、经营收益难以预估的可能性，并须在初期持续承受不规律样品发货，试错成本在短期内难以转化为实际销售业绩。

12.2.2　新疆葡萄酒的真实流通成本，除物流成本之外还包括销售渠道、营销团队、自建电商以及分销价格体系管理的支出，对物流成本之外隐性成本的认知盲区，形成了束缚新疆葡萄酒产业全国扩张的阿喀琉斯之踵。

12.2.2.1　商品流通环节的营销管理与物流管理共同构成了供需双方的交易成本和交易风险，通过对营销和物流两个领域的大数据治理、建立商品属性—销售渠道—最终消费者三者之间的快捷匹配关系，能够同时降低生产企业和流通环节各参与者的交易成本，并能据此为各参与者建立适用于该产业链的商业信用，这一运作机制即流通供应链。

12.2.2.2　目前国内尚缺乏对"流通供应链"的普遍认知，而以物流企业为主的供应链行业格局更引发了对流通成本的误解，因此，传统的酒类分销商、物流服务商及供应链企业难以理解新疆葡萄酒流通供应链一体化的必要性。尤其在为新疆葡萄酒企业提供综合服务过程中，必须通过引入流通供应链围绕其交易行为实现经营增信，以及进行冷链仓储和物流服务商整合过程中冷链物流商无法理解其隐性收益，这些都构成了对分销渠道大规模铺货的现实阻碍。

12.2.2.3　想要破解这些阻碍，都必须回到"降低风险、管理成本"这一核心矛盾上。在产业源头看似无解的流通成本之困，必须在对流通链条下游的业务创新中找到突破。

12.3　新疆葡萄酒在线零售调研分析

12.3.1　针对新疆葡萄酒产业与流通供应链之间的密切关联，关天数据（2018）通过京东、天猫、苏宁易购等 7 家在线零售网站进行了在售新疆葡萄酒 SKU 调研统计（更新截至 2018 年 9 月 27 日），以期获得新疆葡萄酒在线零售规模、SKU 级别与宣传重点、售价、物流方式、发货地点等方面数据，用于判断现有的新疆葡萄酒流通供应链实际运营水平以及全国市场对新疆葡萄酒的接受程度。

12.3.2　调研发现，7 家在线零售网站仅有京东、天猫和苏宁易购有新疆葡萄酒在售，共 19 个酒企品牌 597 个 SKU。

12.3.2.1　在售酒企品牌中，品牌知名度与 SKU 数量没有必然联系，上架 SKU 数量最多的新疆和硕县帝奥葡萄酒业有限公司共有 78 个 SKU，而在国内外屡获业界大奖的新疆天塞酒庄有限责任公司仅有 7 个 SKU。

12.3.2.2　在售酒企品牌中，南疆焉耆盆地产区品牌数量最多，天山北麓产区数量其次，伊犁产区数量最少，仅有新疆伊珠葡萄酒股份有限公司1家。

12.3.2.3　在售SKU的平台数量分布方面，京东占35.4%共有211个、天猫占56.4%共337个、苏宁易购占8.2%共49个，但是京东卖家主要是酒企旗舰店，天猫卖家多以分销商为主，苏宁易购则无明显倾向。

12.3.2.4　在售SKU的价格分布方面，天猫卖家在价格上呈现出最高和最低两个极端，京东酒企旗舰店单支价格则在45~888元/瓶（中位数为128~298元/瓶），说明分销商比酒企直销定价更灵活。

12.3.2.5　在售SKU的物流发货规模方面，均使用普通物流快递，无一使用冷链物流及空运。

12.3.2.6　在售SKU的发货仓地点较为复杂，除163个未标注发货地之外，其余434个中仅有90个为疆内发货、344个均在内地城市发货。数据对比可知，以分销商为主的天猫卖家几乎均在内地城市发货，疆内发货的均为京东酒企旗舰店。北京、上海、深圳是除新疆之外最主要的发货地，这也同国内葡萄酒消费市场分布范围基本吻合。

12.3.3　对新疆葡萄酒SKU在线零售情况同物流、发货仓对比的调研，清晰地说明一个事实——对全国市场的运营覆盖能力必然存在于目标市场本地，以新疆产地进行长距离市场拓展的运营和服务，其市场定价缺乏弹性。市场定价歧视使分销商拥有充分的利润空间和促销灵活性，这为其对冲新疆至主要目标市场的流通供应链成本提供了保障。

后 记

　　本次白皮书的编写工作，源于两位著者的一次"产学研用"大胆尝试。位于新疆巴音郭楞蒙古自治州的国家级库尔勒经济技术开发区丝路 e 宝综合电商平台项目，为整套产学研用体系实践提供了超过两年的试验田。

　　本书为供应链大数据高端技能人才培训教材，旨在帮助从业者充分了解中国不同市场间的流通供应链市场发育差异，并掌握构建应用场景的理论体系和操作方法。李少华为第一作者，主要撰写了第一、二、四、五、六、九、十一章节，李东衡为第二作者，主要撰写第三、七、八、十、十二章节。

　　事实上，中国近十年间渐臻繁荣的电子商务市场推动了电商物流、移动支付、云计算应用以及供应链管理等工具体系的飞速发展，已使中国主流市场和大部分地区（尤其是长三角和珠三角地区）对这些"新型基础设施"习以为常，并乐见新零售和全渠道流通的普及、供应链金融和消费金融对流通领域的深度参与，以及不断提升的敏捷供应链时效和日益降低的物流成本。凡此种种带来的"日用而不知"效应，令地理区位远离长三角和珠三角主流市场、人口密度低、缺乏高效流通供应链

价值网络发展要素的西北五省，普遍缺乏穿透性的流通供应链视角，难以凭借本地市场要素重现长三角和珠三角的市场发展生成机制。这种情况显而易见的副作用是：西北地区普遍面临工业品下行和农产品上行的效率制约以及地方商业服务增加值增长缓慢。

两位著者通过实施丝路 e 宝项目运营工作敏锐地意识到，遍历性与交易成本两者间的均衡构成了十分普遍的流通供应链应用场景，而西北五省作为国内主要的后发流通市场，其内生流通供应链要素及对该类要素的补充服务，极可能正在构建一个相对独立、持续增长且具有超大规模性的供应链服务市场，当下中国所处的强大国内市场快速形成时间窗，则是该市场的坚实支撑力量。

故而，两位著者充分运用产学研用体系和实践经验，进一步设计出适用于跨地区长距离商贸流通供应链应用场景的"新疆上海供应链数据干线"解决方案，为存有同类型业务需要的行业人士、研究机构和企业提供一种全新的操作思路。由于著者的学识及能力局限，本书对部分领域只能浅尝辄止，唯望所涉行业与领域专家原谅著者的疏漏和不足，并不吝给出宝贵意见，帮助该解决方案升级完善和推广应用。

李少华　李东衡

2020 年 4 月